つい他人を優先してしまう

お人《ひと》好《よ》しさんのためのじょうずな断り方

時田ひさ子

PHP

まえがき

あなたの「生きづらさ」が人生のお助けアイテムに！

「断る？　そんなの私にはなかなかできないよ」

お人好しな人ほど、断ることに対してこうした苦手意識を強く持っています。

・断ったら、相手をがっかりさせてしまうんじゃないか
・断ったら、相手を傷つけてしまうんじゃないか
・断ったら、もう次から誘ってもらえなくなるんじゃないか

こんなふうに思って、断ることに対して恐怖を感じてしまう人は少なくありません。

他にも、こんなことが気になるかもしれません。

・相手のほうが年上だから
・相手のほうが立場が上だから
・あんまり親しくない人だから

お人好しさんは、相手の立場を尊重しすぎるあまりに、自分をないがしろにしてしまいがちです。

なので、「周囲に嫌な思いをさせたくない！」「誰かを悲しませたくない！」という強い気持ちから、「断る」という選択をできるだけ避けようとします。

でも、ずっと断らずに、何でもかんでも引き受け続けてしまう自分に、少し嫌気がさしてきてしまったのではないでしょうか？

自分の本当にやりたいことを後回しにしちゃったり、行きたくもない場所に行かなきゃいけなくなったり……どんなに、「自分は大丈夫」「断るよりはこっちのほうがマシ」と思っていても、それって自分に嘘をつき続けているわけですから、心のどこかはずっとモヤモヤしていたはずです。

だけど、あなたはとっても優しいんです。だからそうやって断れない自分を責め続けるのは、もうやめましょう。

そして今から、そんなあなたの優しさを活かした断り方を、一緒に練習してみませんか？

この本は、あなたが持つ「優しすぎる」という魅力を手放さないまま、その優しさを活かしながら断れるようになるための本です。

あなたにしかできない、優しい断り方がぎゅっと詰まっています。

自分に正直になれば、自分を大切にできる

実は、**これまであなたが断るのを苦手だと思っていた理由は、あなたが優しすぎるからではなく、「じょうずな断り方」を知らなかったからです。**

ここで言う「じょうずな断り方」とは、誰も傷つけず、印象も悪くせずに、自分に

正直になれる断り方のことです。

この「じょうずな断り方」を知るって、人生においてすっごく大切なことなんです。

「じょうずな断り方」を知ると、自分のやりたくないことや、気が向かないことを断れるようになるだけでなく、自分の望みを叶《かな》えられるようにもなります。

なぜなら、これまでよりも、自分を優先する生き方ができるようになるからです。

お人好しさんたちはこれまで、断り方を知らないせいで、自らが望まないことをたくさんやってきたはずです。

もちろん、これも悪いことではありません。あなたの優しさが、周りの人の役に立っていることは、間違いないですから。

しかしこれを続けていると、だんだん、自分がしたいことをするという選択ができなくなってしまいます。常に、自分よりも他人を優先してしまうようになるんです。

でも断れるようになると、そうした、やりたくないことをやらなくていい人生が始まります。

こんどは、「誰にも邪魔されないなら、自分がやりたいことをいっぱいやってみようかな」と考える自由さを、自分に許すことができるようになるのです。

そんなうまい話があるの？　と疑う気持ちにもなるかもしれませんが、まずは本書を読んでみて、自分にもできそうだな、と思う断り方があったら、一回、やってみてください。

その時に、自分はどんな気持ちになったのか、周りの反応はどんな感じだったのか、実際に体験してみてください。

きっと、「なーんだ、断るってこんなもんか」と思えるはずです。

そう思えたら、あなたはもう大丈夫！　急激に人付き合いが楽になるでしょう。

何かを断ったからと言って、あなたの優しさがなくなるわけではありません。

相手の細かい変化や気持ちに気がつける、あなたにしかできない断り方がありま す。優しいあなたにしかハマらない断り方。

それは、誰も傷つけずに断る断り方です。

むしろ、断るというやり取りを通して、相手にあなたの優しさがもっと伝わり、好印象すら持ってもらえるでしょう。

本書ではこれから、同じ「断る」という行為でも、言い方や伝え方によって、こんなにも印象が違うんだ！　ということを、そして、あなたの優しさが断る場面でも活かせるということを、たくさんの事例を使ってご紹介していきます。

さぁ、一緒に始めましょう！

本書の使い方

本書では、あなたの性格を変えなくても、じょうずに断れるようになるということを一貫してお伝えしていきます。

「断れる」ことにはメリットがありますが、そうなるためにあなた自身が変わる必要はないのです。

本書以外にも、断り方について教えてくれる書籍や記事は多々ありますが、多くは、断れない人の感じ方や考え方などを変えようとしているものです。

たとえば、「嫌いな人の誘いは秒で断れ」というアドバイスをもらった時、あなたはどう感じるでしょうか？

「よし、やってみよう」と、すぐに前向きになれるでしょうか？

それとも、「そんなの私にはできないよ」と感じて「やっぱり断るのって難しいんだな」と、さらに自信を失くしてしまうでしょうか？

もしすぐにやってみようと思えたとしても、「他人からの誘いを秒で断る自分」を想像してみてください。

そういう自分、好きですか？　そうなりたい、と感じるでしょうか？　その姿って、「本当のあなた」なのでしょうか？

私には、こうしたアドバイスが効く人もいれば、逆に、さらに悩んでしまう人もいると思えます。そして、優しすぎるみなさんは後者なのではないかと思います。

繰り返しにはなりますが、**断れないあなたが悪いわけではありません。**

だから、断るために、あなたの捉え方や性格を変えたりする必要はないのです。

本書の序章では、断ることで生まれるメリットを、断る側、断られる側それぞれで解説し、「じょうずな断り方」に欠かせないルールを紹介します。

そして第1章では「職場」での、第2章では「親戚・家族」への、第3章では「友だち」への、第4章では「日常生活」での、あなたのよさを活かした断り方を、シチュエーションに分けてご紹介していきます。

どのシチュエーションも、かなり具体的に呈示していますので、似たような場面に遭遇《そうぐう》するかもしれません。その時は、「まずは試しにこの言葉を使ってみよう」と気軽に使ってみてください。

そうやって、断ることへのハードルを下げて、気楽にいろいろな場面で断り言葉を使っているうちに、自然と、断ることに対する気づきが増え、抵抗感や不安が薄れていくと思います。

あなたの生きづらさが活きるその日まで、本書と一緒にたくさん練習していきましょう！

登場キャラクター紹介

・あなた

第1章

・会社の先輩／上司

・会社の同僚
・社外の人

第2章
・あなたのパートナー
・あなたの子ども
・あなたの両親／義両親
・あなたの兄妹

第3章
・友だち

第4章
・美容師さん
・店員さん
・知らない人

ついつい他人を優先してしまう **お人好《ひとよ》しさんのためのじょうずな断り方**

目次

まえがき …… 2
本書の使い方 …… 8

序章 断ることで得られるメリット
優しすぎるお人好しさんにしかできない「じょうずな断り方」とは？

「お人好しさん」ってどんな人？ …… 18
あなたはなぜ断るのが苦手なのか …… 20
合理的な人付き合いの仕方 …… 22
断れない人のデメリット …… 23
「いい人」でい続けようと、無理していませんか？ …… 25
私も以前は…… …… 26
実は、「断る」はお人好しさんの味方 …… 29
九割の人がしている誤解 …… 30
「え？　こんなに優しい言い方でもいいの？」 …… 33
損する断り方 …… 35
言いにくいことは「私メッセージ」に変換！ …… 37

第1章

職場の人へのじょうずな断り方

上司からの依頼を断る

CASE 1 自分の仕事で手一杯なのに、新しい仕事を追加で頼まれた！ 54

同期からの要求を断る

CASE 2 今日は忙しいのに、仕事中に同期から雑談をされる！ 56

社内の人からの誘いを断る

CASE 3 前から予定を入れていた日に、飲み会に誘われた！ 58

上司からの突然の依頼を断る

CASE 4 前日に突然、出張に行けと言われた！ 62

社外の人からの提案を断る

CASE 5 弊社の得にならない提案をされた！ 64

上司からの期待を断る

CASE 6 上司から、自分にはできないような仕事を期待されている！ 68

社内の人からの攻撃を断る

CASE 7 社内の人から嫌味を言われた！ 70

社内の人からの不快な会話を断る

CASE 8 異性の社員が、不快な下ネタを言ってきた！ 72

お世話になった先輩からの依頼を断る

CASE 9 自分の仕事で手一杯なのに、お世話になった先輩から新しい仕事を頼まれた！ 76

自分の苦手な依頼を断る

CASE 10 人前で話すのが苦手なのに、スピーチを頼まれた！ 78

第2章

親戚・家族へのじょうずな断り方

子どもの要求を断る
CASE 1 電車の中で子どもが騒いでいる！ 90

家族からのお願いを断る
CASE 2 友だちと旅行や遠出をするたびにお土産を頼まれる！ 94

パートナーからの否定的な態度を断る
CASE 3 パートナーが私の味方をしてくれない！ 96

妹弟からの無言の圧を断る
CASE 4 妹弟と出かけると、なんとなくおごらなきゃいけない雰囲気になる！ 100

親の要求を断る
CASE 5 高齢の母親が、病院の送迎依頼を匂わせてくる！ 102

親戚からのすすめを断る
CASE 6 親戚から結婚をすすめられた！ 106

家族からの頼みを断る
CASE 7 もうスーパーの前を通りすぎているのに「スーパーで野菜買ってきて」とメッセージがきた！ 110

家族からの期待を断る
CASE 8 もう好きじゃないのに「これ好きだったよね」と言われて大量のお菓子をもらった！ 114

兄弟姉妹からの攻撃を断る
CASE 9 兄弟姉妹から急に嫌味を言われた！ 116

義両親からの厚意を断る
CASE 10 義両親からわが子に向けたおもちゃのプレゼントが多すぎる！ 118

第3章

友だちへのじょうずな断り方

友だちからの久しぶりの誘いを断る

CASE 1 友だちから久しぶりに遊びの連絡がきたけど、あまり気が乗らない！ 128

友だちからの誘いを断る

CASE 2 友だちからご飯に誘われたけど、あまり気が乗らない！ 132

苦手な友だちからの誘いを断る

CASE 3 苦手な友だちから、ご飯に誘われた！ 136

友だちからの誘いを部分的に断る

CASE 4 あまり気の乗らない遊びに誘われた！ 140

友だちからの誘いをストレートに断る

CASE 5 察するのが苦手な友だちから、気が乗らないご飯に誘われた！ 144

友だちからの勘違いを断る

CASE 6 友だちに見当違いな決めつけをされた！ 148

友だちからのすすめを断る

CASE 7 友だちから悩みを相談するよう促されたが、今はまだしたくない！ 150

友だちからの提案を部分的に断る

CASE 8 友だちから興味のない映画に誘われた！ 152

友だちからの急な提案を断る

CASE 9 友だちから急に待ち合わせ時間変更の連絡がきた！ 154

友だちからのお願いを断る

CASE 10 友だちからツーショット写真をSNSにアップロードしてほしいと言われたけど、怖いからしたくない！ 156

友だちからの会話を断る

CASE 11 自分の恋愛の話なんてしたくないのに、友だちから求められる！ 158

第4章 日常で出会う人へのじょうずな断り方

店員さんからのすすめを断る
CASE 1 買い物をしたら、他の商品もおすすめされた！ 170

しつこい人からの営業を断る
CASE 2 訪問営業の人がなかなか帰ってくれない！ 172

美容師さんからのすすめを断る
CASE 3 髪を切りにきただけなのに、トリートメントもおすすめされた！ 176

他人からの善意を断る
CASE 4 電車で本当は立っていたいのに、席を譲られた！ 178

店員さんからの頼みを断る
CASE 5 急いでいるのに、お店のアンケート協力を頼まれた！ 180

困っている人からの頼みを断る
CASE 6 急いでいるのに、知らない人に道を聞かれた！ 182

あとがき 184

序章

断ることで得られるメリット

優しすぎるお人好しさんにしかできない「じょうずな断り方」とは?

「お人好しさん」ってどんな人？

世の中には、「自分、優しい人間なんで」と、他人に言えるいい人もいれば、自分では「優しいとは言えないような面も持っているし、人がいいところがあってすぐに信じてしまうところもあるけど、疑い深くもあるから、自分のことを優しいとは言えないなぁ」と思っているいい人もいます。

そして本書で言う「お人好しさん」は、いい人の中でも後者のような、自分のことをいい人とは思えないタイプの人に多い気がします。

心の中では自分の持っている気の遠くなるほどの優しさを知っていて、それと同時に、その対極にある優しくない自分のことも知っている人のことです。

優しいところもあるけど、自分に対して厳しい目も持っているから、「自分は自分のことをいい人だなんて言えない」と思っています。

また、自分の厳しい面、鋭い面がふとした拍子に態度や表情に出てしまうと、「誰にも気づかれていないといいな」と、ドキドキしながら警戒しています。

一般的には、「自分、優しくてお人好しだから」と、他人に言えちゃうような人のほうがわかりやすいので、「いい人」という評価を受けやすい傾向にあります。

ですが、**本書で言う「お人好しさん」は、その優しさを控え目に表します。**

だから、多くの人には気づいてもらえないかもしれないけど、わかる人にはわかる、味わい深いいい人だと言えるでしょう。

もちろん、どちらも優しくて「いい人」です。確実に誰かの力になっています。

でも本書はどちらかというと、あまりはっきりとは見えないような優しさを持っているお人好しさんたちに向けたメッセージを多めにしています。

なぜなら、そうした人たちは、その優しさを自分のために使えていないと思うからです。なんなら、その優しさを「生きづらさ」だと勘違いしてしまっている人も多いように感じます。

本書は、自分よりも他人を優先しすぎてしまうお人好しさんたちが、自分の「優しすぎる」という特徴を、自分のために使えるようになるための一冊なのです。

あなたはなぜ断るのが苦手なのか

お人好しさんたちは、「断りたい」「今日こそは断ろう」と意気込んでも、優しいが故に「申し訳ない」「相手に嫌われるかも」「自分が我慢すればいいんだ」と考えてしまって、断るのを諦めてしまいます。

「断りたい」という自分の本心よりも、相手に嫌な思いをさせないことを優先してしまうのです。

つまり、**お人好しさんたちは断ることで、相手の顔色が曇《くも》ってしまうことをとても恐れているのだと思います**。

他の人にとってはなんてことない些細《ささい》なできごとにも、お人好しさんたちは「ウッ」とショックを受けやすいという特徴があります。

ショックで心が痛むと、同時に、体自体にも痛手を受けます。それは、相当な苦痛です。ですから、常日頃から傷つかないように工夫しています。

その傷つかない工夫の一つが、「断らない」なのです。断らなければ、相手の顔色を曇らせることはないので、自分も傷つかずに済む、というメリットがあります。

そしてもしショックを受けたとしても、自分がショックを受けたことを、周囲の人たちから隠そうとしますし、自分自身にも、傷ついたことを気づかせないように隠そうとするのです。

前述したように、お人好しさんたちはショックを受けやすいという特徴がありますから、ショックを受けるたびにこれを繰り返します。

そうすると、「なんかよくわからないけど、気持ちが滅入る」とか「自分で自分が何を感じているのか、よくわからない。探ってみたいけど、よくわからないから、まあいいか」と身に覚えのない不安やモヤモヤを対処せず、そのまま蓄積されていきます。

あなたにも、理由はわからないけどなんだかモヤモヤ・イライラする、という経験があるのではないでしょうか。

それは、あなたの心がショックからあなたを守ろうとしている証なのです。

このようにして、「自分にも痛みを感じさせなくする方法」を長い年月をかけて徐々に編み出して、癖として定着させていきます。

「断りたい」「今日こそは断ろう」と思っても、優しすぎるが故に「断ってはいけない」と、判断してしまうのは、この長年にわたって蓄積された、自分が痛手を受けないための抑え込む癖が関係しているのです。

合理的な人付き合いの仕方

相手の頼みごとや誘いを断ると、相手は驚いたり、嫌な顔をしたりします。

その表情を見ると、お人好しさんたちは、なぜか少し傷つきます。

そしてそんなダメージを受けるくらいなら、断るのをやめる。そんな回路が確立している、と考えていただけると、間違ってはいないと思います。

逆に、断った時の相手の表情の変化に傷つかない人たちもいて、そうした人たちはどんどん断れます。

断った相手が「え……」と固まろうが、眉をしかめようが、おろおろと動揺しようが、その態度や表情が自分へのダメージになることが少ないからです。

だから、「ダメージにならないから、自分がやりたくないと思ったことはやらずに、その場で断ったほうがいい」と、とても合理的な判断ができます。

つまり、**断れる人と断れない人の違いは、「断られた時の相手の表情に動揺しやすいかどうか」によると私は考えます。**

断れない人のデメリット

自分へのダメージをなるべく少なくするためになんでも引き受け続けていると、次第に断ること自体が、気が重いもののように感じられるようになります。

気が重くていつも断らないから、周りからは気軽に頼まれます。

お人好しさんたちは、それが嬉しかったりもします。

頼られている、信頼されている、と思えるからです。


そのように、相手からの頼みごとを断らずに引き受ければ引き受けるほど、「この人には何でも頼める」という共通認識が、周囲の人たち（職場、家族、ＰＴＡ、友だちグループなど）に定着していきます。

困った時は「あの人に頼めば大丈夫」と、あなたの名前が思い出されやすくなるのです。そしてそれは、もっと多くの人からの頼まれごとにつながっていきます。


周りの人から頼られているように感じて嬉しいとはいえ、やっぱり、何でもかんでも引き受け続けていたら、ちょっと疲れちゃいますよね。

もしあなたが無意識のうちに断らない選択をしてしまっているとしたら、自分でも気づかないうちに、心をすり減らしてしまっているかもしれません。


そして、もしかしたら耳の痛い話かもしれませんが、断れない人たちは、断ることに抵抗がない人たちと比べて、自分の時間、労力、優しさなどのリソースを無償で提供してしまっています。それが生きづらさにつながっているのかもしれませんね。

「いい人」でい続けようと、無理していませんか？

私はこれまで、たくさんの優しすぎる人たちの心の内を伺《うかが》ってきました。その経験から、お人好しさんたちは、他人の目を気にしすぎたり、他人の言葉を深読みしすぎたり、他人に合わせようとしすぎたりする傾向にあることがわかりました。他人に気を遣いすぎてしまうのです。

きっと、もっと強く言い返したかったり、キレたかったり、嫌味を言いたかったりした場面があったはずなのに、いろいろと考えて、結果的に自分の本当の気持ちに嘘をついたまま、「はい、いいですよ」と言ってしまう。

本当に、あなたはいい人すぎるんです。

もちろんそれは、とても素敵な、あなたのたくさんある長所の中の一つです。

でも、そのせいで疲れてしまったり、モヤモヤしたり、自分に嘘をついてしまっているのは、よくありませんね。

だから私は今から、あなたがもう少しだけ生きやすくなるような断り方をご紹介しようと思います。

角をたてずに、印象を悪くせずに、罪悪感もあまり感じないような、「あんな断り方しちゃって、嫌な感じって思われたかもしれない」とぐるぐる反省会をしなくてもいいような、「じょうずな断り方」です。

私も以前は……

ここまでいろいろと偉そうに語ってきましたが、かくいう私も、昔は典型的な断れない、断らない人でした。どうしても断らなければならない時は、あいまいな言い方をして逃げていました。

だから、断っているつもりなのに、何度も何度も営業電話をかけてきた営業担当者に苦しめられた過去もあります。

私はちゃんと断っているつもりなのに、なんでこの人は何度も電話をかけてくるんだろう？　鈍いのかな？　と。……でも違いました。

それは、私がちゃんと断れていなかったからだったのです。

つまり、**「ちゃんと断る」ためには、「断っているつもり」や「断ったはず」ではだめなのです。あいまいな断りは、断っていることにならないのです。**

断っているという意思が、相手にはっきりと伝わるような言葉にすることは絶対に必要です。

また、私は昔、よくドタキャンをする人でもありました。本当はドタキャンなんてしたくなかったんですけど、約束の直前になるとなんだか行きたくなくなっちゃって……結果的にドタキャンをしてしまっていました。

今思い返してみると、最初に申し込む段階で「いや、やめておこうかな」と言えた（断れた）場面だって、かなりあったはずなのです。

少なくとも、「興味はあるけど、今は決められないので時間をください」「少し考えさせてください」と言うことだったらできたはずです。でも、当時はその言葉が言えませんでした。

それは、「今、興味がないと伝えてしまったら、相手をがっかりさせてしまうかもしれない」「こんなに一生懸命誘ってくれているんだから、参加すれば、自分も興味が持てるかもしれない」などと考えて、自分の気持ちをあやふやな言葉でだまし続けた結果でした。

でもやっぱり、そうやって自分をだまし続けられるわけはなくて、その日が近づくにつれてどんどん行きたくなくなっていき、結果的に何度もドタキャンをすることになってしまいました。

そんな過去の自分に足りなかったのは、「断っても大丈夫だ」という確信と、じょうずに断るためのスキルでした。

そうなんですよ、断っても大丈夫なんです。断られたからって、相手は何も思いません。

お人好しさんたちはどこか、考えすぎてしまうんですよね。でもそんなことだって、わかっているんです。なのに、なんだか断れないんですよね。

だから私はこの本を書くことにしました。昔の私みたいに悩んでいる人たちの力に、少しでもなれたらと思っています。

実は、「断る」はお人好しさんの味方

「断る」と一口に言っても、強く言い放つ断り方はお人好しさんたちには向いていませんし、得策でもありません。

だから、**何気ないやり取りの中に、断り言葉をそっと紛れ込ませるのです。**

それが、みなさんに一番向いている「じょうずな断り方」です。

この断り方ができれば、「断る」ことは、優しすぎるみなさんの人付き合いを、ぐーんと楽なものに変えるお助けアイテムになってくれるでしょう。

また他にも、じょうずに断ることによって、嫌な人からのマウント攻撃を防ぐこともできます。

あなたのその優しさにつけ込んで、変にマウントを取ってくる嫌な人に遭遇したことはありませんか?

そういう嫌な人たちは、無作為にいろんな人たちにマウントを取っているわけではありません。少し嫌な感じを出してみて、それでもニコニコうんうん頷《うなず》いて受け入れてくれる人たちにだけしてくるんです。

だから、「あ、ちょっと嫌なマウントの取られ方をされたな」と気づいたら、頼みごとや会話を「断る」といいでしょう。

そうすると、マウントを取られたり、舐《な》められたり、バカにされたりすることが、徐々に減っていくでしょう。

相手に「断れる人だ」と気づかせることが、自分を守ることにもつながるのです。

九割の人がしている誤解

「断る」という行為について、みなさんはどう考えているでしょうか?

断ると、嫌われてしまうかも。
断ると、めんどくさい人だと思われてしまうかも。
断ると、気分を害されてしまうかも。
断るって強い人にしかできない攻撃なんじゃないか。

「断る」は、こんなふうに、ネガティブなイメージを持たれていることが多いです。最近話を聞いたAさん（二十代）も、こうした誤ったイメージから、断れなくなってしまった人の一人でした。

彼女には、お姉さんがいます。お姉さんはAさんとは違って、他人からの提案を、自分の都合できちんと断れる人だそうです。
だからよく、お母さんからのお出かけの誘いも、スパッと断っているんだそう。しかしAさんは、そんなお姉さんの姿を見た時に、「お母さんがかわいそう。お姉ちゃん、あんな言い方しなくてもいいのに」と思ってしまいます。

お姉さんがお母さんの頼みを断った、その流れでお母さんから「じゃあ、Aは一緒にどう？」と言われれば、お姉ちゃんに断られたお母さんを不憫《ふびん》に思うのは当然です。Aさんはもちろん、「自分が断ったら、お母さんがお出かけに行けなくて悲しい思いをするかもしれない」と感じ、本当は自分も予定があったけど、お母さんの誘いを受けて、自分の予定をズラしたと言っていました。

Aさんのこの行動は、家族内のバランスを取ろうとするものだと言えます。お姉さんがつけたマイナスをプラスの方向に動かして、そのバランスを保ったのです。みなさんの家族の中でも、こうした役割分担が自然と起こっているのを感じたことはありませんか。

これは、もともとの性格によって、自然に起こる調整作用です。なので、家族のみんながそうした役割分担を決めたわけでも、押しつけようとしたわけでもなく、ごく自然に、受け入れやすい性格の人が、他の人が放棄した役割を担《にな》うことになっただけなのです。

だから本人も周りの家族も、こうした役割がその人の負担になっていたり、悪い影響を与えてしまったりしているとは思っていません。

でも実際は、**お母さんがお姉さんに断られている姿を見て「断るって罪だ」「よくないことだ」と日常的に感じてしまう場面が多いため、「自分はなるべく断らないようにしよう」というイメージが、脳内に染みついてしまい、断るのが苦手になってしまうのです。**

「え？ こんなに優しい言い方でもいいの？」

確かに、断ったせいで相手に嫌な印象を与えてしまう可能性もあります。

でもそれは、「強く断った時」に限ります。

世間の「断る」のイメージは、この「強く断る」とイコールになってしまっているのではないでしょうか。

だから、私たちは「断る人」と言えば、口をへの字に曲げていて、相手を眼光鋭く見据えていて、硬い表情を浮かべながら「断る！」とエクスクラメーションマークをつけて断っている人を思い浮かべてしまうのだと思います。

これは喧嘩腰であることを表している表情ですし、普段の生活の中でその表情を浮かべたら、周囲が気を遣うことは間違いありません。

もちろん、こんな表情やアクションをせずとも断れます。

「じょうずな断り方」は、あなたの優しい人というキャラクターに、「残念ですけど、

今回は無理なんです……すみません」という意思をプラスオンをする感じです。

だから、もしかしたら最初は、「え？　こんな言い方でも断ってるって言えるの？」と、自分の持つ「断る」のイメージとのギャップに戸惑うかもしれません。

でも、大丈夫なんです。あなたのイメージとは違う、優しい断り方は確かに存在するのです。

損する断り方

断り方が嫌な感じの人って、実際にいますよね。

いまいましそうに断ったり、捨て台詞《ぜりふ》を吐き捨てるように断ったり、嫌みを言いながら断ったりすると、すごく印象が悪い感じになります。

私の父は戦前生まれで、食堂を経営していました。若い頃はバイクに乗ったり、写真家に弟子入りしたりしていた人で、タバコをかっこよく吸う伊達《だて》男だったんですが、断り方だけは本当に最悪な人だったんです。

たとえば店になにか営業の電話があると、相手が商品名を言うや否や「ああ？　○○はいらねぇな」とぶっきらぼうに言い放って、電話をすぐにガチャンと切ってしまうんです。

母はそういう父の言い方に文句を言うことはありませんでしたから、幼少期の私はそれが「大人の断り方」なんだと思ってしまったんですね。

のちに私自身も店を持ったのですが、営業の電話がかかってくる度に、この父の断り方が脳裏をチラつきました。

私は会社組織で十年ほど働いてから自分の店を持ったため、さすがにもう、父の断り方はよくないという一般常識はわかっていました。でも、幼少期に刷り込まれたあの断り方が、いちいち脳裏に出てきて本当に困りました。

つまり**損する断り方とは、相手や、その話を聞いている周りの人たちを嫌な気持ちにするような、「不機嫌そうな断り方」のことなのです。**

その逆で、**得する断り方**（私のおすすめの断り方）**とは、「機嫌のよさそうな断り方」**

のことだと言えるでしょう。

そしてみなさんの得意な断り方は、きっと後者だと思います。

言いにくいことは「私メッセージ」に変換！

優しくて愛情深く、献身的であると同時に、好奇心旺盛で多種多様なことに興味を持つが、傷つきやすく、毒も吐く人たちを、ＨＳＳ型ＨＳＰ（かくれ繊細さん）と呼びます。

そして私は、その人たちを専門に、約二万時間のお話を伺い、生き方に伴走してきたカウンセラーです。

でも、本書を読んでくださっているみなさんの中には、ＨＳＳ型ＨＳＰという特性を持っている人だけでなく、一般的な特性の中で、とりわけ優しくていい人もいらっしゃるのではないかと思います。

そんなあなたは、丁寧で優しく、熱心で、ある程度のコミュニケーション能力を持っている人なのではないでしょうか。

時には誰かに利用されたり、都合よく頼まれたり、「お人好しだね」と言われたりしてしまうこともあるかもしれませんが、周囲からのウケは悪くないはずです。なぜなら、とても優しいからです。

だから、お人好しさんたちにとって、「断る」はとても骨の折れる作業だと思います。

そんなみなさんにおすすめする、本書のカギとなる断りテクニックは、**「アサーション」**というコミュニケーション方法です。

アサーションとは、「自己主張」という意味で、相手の主張を否定したり、強い口調で無理に抑圧したりするのではなく、**お互いの価値観を尊重しつつ、自分の意見を的確に言葉にするためのコミュニケーション方法**のことです。

日本アサーション協会の元代表・平木典子先生いわく、アサーションは、自分も相手も大切にする自己表現のことを指します。

このアサーションというコミュニケーションテクニックを身につけることで、自分の意見や気持ちを、相手に「言葉」で伝えることができるようになります。「言葉」で伝えられると、それが自分の自信になります。コミュニケーションが、もっと楽しく、簡単になるのです。

前述したように、アサーティブなコミュニケーションは相手の意見や感情も尊重する、と言うと少し固く聞こえてしまうと思いますが、簡単に言うと、お互いに「うんうん」と頷きあいながらできるコミュニケーション方法なので、相手との信頼関係が築きやすくなったり、人間関係の質が向上したりもします。

そのうえ、自分の考えをあいまいにせず、ちゃんと伝えられるテクニックでもあるので、誤解が生じにくくなります。

その結果、本来起こさなくてもいいようなトラブルや、摩擦を防ぐことができます。これは、お人好しさんたちにとって（トラブルがとても苦手なことが多いので）、ストレスの軽減にもつながるのではないでしょうか。

そして本書では、そんなアサーションに基づく「断り方」をご紹介いたします。

アサーティブな断り方は、感情的な言い方や皮肉を含めません。相手を非難するのではなく、「自分の気持ち」と「相手に望む行動」を「私メッセージ」に置き換えて、伝えるのです。

だから、**自分に正直に、でも、相手を傷つけたり、否定したりしない断り方ができます。**


お人好しさんたちがずっと探していた断り方の答えが、ここにあります。

ぜひ最後まで読んでいただき、自分のものにしていただけますと幸いです。


では、はじめましょう！

第1章

職場の人へのじょうずな断り方

その仕事の進め方、ちょっと待った！

あなたは、先輩社員や上司からお願いごとをされた時に、ちゃんと断ることができますか？

「悪いんだけどこの会議資料、明日までに作っといてもらえる？」
「このデータ、次の商談までに集めておいてもらえるかな？」
「次の飲み会の予約、またお願いしてもいい？」

もちろん、自分の仕事に余裕があって、こうしたお願いごとを引き受けても自分の負担が増えないのであれば、問題ないと思います。仕事は関わり合って、助け合うことで進んでいくものですからね。

でも、自分の仕事を後回しにしたり、残業をしたり、休日に家で作業をしたりなど、自分の負担を増やすことで、こうしたお願いごとを引き受けてしまっているのならば、それは絶対にやめましょう。

他人より、まずは自分を大切に！

優しいみなさんたちは、そうした自己犠牲的なやり方で、何かと無理をして役に立とうと必死になりがちです。

だからそんなみなさんたちが、まずは自分を優先して働けるようになるための第一歩として、本章では「職場でのじょうずな断り方」を紹介します。

ぜひ参考にしてください。

「コレ」だけであなたのコミュニケーションが変わる

これから、職場で起こるのではないかと考えられるさまざまなシチュエーションを想定し、そのシチュエーションに合った断り言葉を紹介していきます。

でもその前に、まずは「じょうずに断るルール」をお教えします。

このルールは、前述したアサーションを元に作ったルールになりますので、**これに従えば、相手を傷つけたり不快な思いにさせたりせずに断れるようになります。**

じょうずに断るルール

❶ 肯定

相手の頼みをいったん受ける（注意：引き受けるのではありません）

❷ 現状・事実

自分の事情を話す（事実を伝える）

❸ 譲歩

譲歩した提案をする＋クッション言葉

なぜか好かれる人が使っている一言

クッション言葉とは、何かをストレートに断るのがはばかられる時に、その言葉の強さを和《やわ》らげるための前置きとして使う言葉のことを指します。

よく使われるのは、以下の五つです。

①申し訳ありませんが
②せっかくですが
③残念ですが
④あいにくですが
⑤ありがたいお話ですが

実際にクッション言葉を使ってみると、以下のような断り方になります。

「明日までにやらなければならないことで手一杯のため、正直オーバーフロー状態なんです。せっかく自分のためにと思ってお声がけいただいた、**ありがたいお話**だとは思うのですが、こちらを引き受けるのは難しそうです。申し訳ありません」

このように表現すると、相手が自分にどうかと考えてくれた気持ちを損ねず、でも、現在自分には余裕がないということを示したうえで、じょうずに断ることができます。

またこうした代表的なもの以外にも、「ご面倒をおかけいたしますが」「お手数をおかけいたしますが」「お忙しいところ恐縮ですが」「お忙しいところ申し訳ございませんが」「ご多忙とは存じますが」「ご足労をおかけいたしますが」「ご都合がよろしければ」などもあります。

一つでも覚えておけば、いろいろな場面で使えるのでおすすめです。

ただ、**一度の会話の中でクッション言葉を何度も使うとしつこく感じるので、一、二回を目安に使うようにしましょう。**

断りじょうずさんの断り方

さて、では実際にこの「じょうずに断るルール」を使って断るとどうなるのか、使わない場合の例文と比較して見てみましょう。

▼じょうずに断るルールを使わない場合

上司　「今日は残業してもらえない？」
あなた　「ああ、いや、今日はちょっと……（ごにょごにょ）」
上司　「じゃあ、もういいよ」
「ええ？　別に何もないんだったらいいじゃない。よろしくね」

——空気が悪くなる、もしくは断れずに残業をすることに。

▼じょうずに断るルールを使った場合

上司　「今日は残業してもらえない？」

あなた「あ、はい。残業ですね」

あなた「今日、家でご飯食べるって言って出てきちゃったんです」

あなた「なので、ちょっと家に電話させてもらってもいいですか？　そうしたら、少しだけなら残業できると思います。それでも大丈夫ですか？」

①肯定：
相手の頼みをいったん受ける。ここで「いや」といきなり否定してはいけません！

②現状・事実：
自分の事情を話す
（事実を伝える）

③譲歩：
譲歩した提案をする

――お願いを部分的には引き受けてもらえているので、上司は嬉しいし、あなたも、自分の予定をズラさず、無理のない範囲でお願いを引き受けられるので嬉しい。

いかがでしょうか？

ルールに沿って断るだけで、スムーズなコミュニケーションが可能になることを、みなさんにもわかっていただけたのではないでしょうか。

選ばれしあなたにしかできない必殺技

先ほどご紹介した「じょうずに断るルール」の中で、**あなたの持つ「お人好し」が活きるのは、相手の頼みたいという気持ちを、初手で、「嫌です」「できないです」と否定するのではなく、いったん「はい」と、肯定する部分です。**

例文のように、相手のことをいったん肯定してあげることで、相手の気持ちはとても軽くなります。

相手だって、あなたに依頼することに対して緊張していたり、申し訳なく思っていたりするはずです。

だからその相手の立場に立って、その心情を考えて、まずは肯定をしてあげるのです。それだけで、相手は「あ、肯定してもらえた、よかった」と落ち着き、あなたに対して、好感を抱くでしょう。

「なんだ？　それだけ？」と思いましたか？

でも実は、相手のことを肯定するってすごく難しいことなんです。

だって、相手を肯定するには、相手の気持ちを考えて、相手のことを思いやって、優しくならないといけないじゃないですか。

それって、普通の人からしたらすごく難しいし、とっさにできないことなんです。


でも、みなさんは違います。

みなさんは、常日頃から相手のことを考えて、優しくしようと心がけていますよね。だから、この断り方は、優しすぎる「お人好しさん」のみなさんにしかできない断り方なんです。


それに、最初に肯定しておくことは、あなたを守ることにもつながります。

前述したように、肯定されると、相手は気持ちがとても軽くなります。

そうすると、次にあなたが自分の事情を話して、断らなければいけない②③のターンになった時、相手があなたの言葉に、より耳を傾けてくれるような、「いい空気」の中で話すことができるのです。

舞台などでよく、「場を温めておく」というような言い方をしますよね。場が温まっていると、お客さんが反応をしてくれやすくなるので、進行がスムーズになると言われています。

それと一緒で、**誰かから何かを頼まれた時、最初に「はい」と肯定的な言葉を使うことで、「断るための場」を温めることができるのです。**

お人好しさんは、強く断ることを得意としていません。だけど、もともと持っている「優しすぎる」という特性を活かしながら、じょうずに断ることは得意なはずです。

そしてじょうずに断るためには、実は、最初の「はい」が鍵となるのです。

世界一優しいはじめの一歩

47ページのシチュエーションに限らず、このあとに出てくるどのシチュエーションにおいても言えるのですが、こうしたやり取りには、実際に相手と日ごろどんな関係性を築いているのかが大きく関わってきます。

なので一概に、すべてのやり取りが例文のような方向に進むとは言いきれません。
でも、日ごろからお人好しすぎて困っちゃうくらい思いやりのあるみなさんなら、こうした例文のような穏やかなやり取りになる可能性は十分にありますので、怖がる必要はありません。

もし心配でしたら、まずは、自分の思いを伝えやすい友だちや家族、パートナーなどを相手に実践してみましょう。

そうして**成功体験を積んでいくうちに、あなたは必ず、断りじょうずな優しい人になれているでしょう**。

さて、だいたいの流れはわかっていただけたかなと思いますので、ここからは具体的なシチュエーションと、それぞれの断り言葉を紹介してきます。

ぜひ最後までついてきてください！

まずはいろんな
断り言葉と
シチュエーションを
一緒に見ていこう！

上司からの依頼を断る

CASE 1　自分の仕事で手一杯なのに、新しい仕事を追加で頼まれた！

こっちの仕事もやってもらえますか？

1 肯定
あ、はい。これですね

2 現状・事実
今急ぎでこの案件を進めていて、資料を△△商事さんに、水曜日の12時までにお送りすると約束してしまっているんです

3 譲歩
なので、この案件が大体終わる、木曜日の朝から取りかかるようにするかたちでもいいですか？

いい人ポイント
断るだけでなく、相手に納得してもらえる理由も添えよう！

こうした、自分の忙しさや大変さを相手に伝えて断る場合は、その話し方も重要です。

目線はスケジュールを追うなどしながら、声のトーンは少し低めに、だけど③はとびっきりの優しい声と表情で話しましょう。

そうすることで、「本当に△△商事さんとの案件で今は手一杯なので、その頼みを引き受けたいのは山々なんですけど、今はできないんです。でも、木曜日からならなんとか……！」という気持ちが、相手により伝わるようになります。

他人の気持ちや状況を優先しすぎて、自分の現状や意見を伝えられずに仕事を抱え込むことが多い人には、ぜひともこうした自分を優先するための断りをしてほしいと思います。

それに、仕事の場ではこうやって、自分の状況を理解してちゃんと断って、仕事量を調整できる人のほうが「仕事ができる」と評価されやすくなります。

時には優しくしすぎないほうがいいこともあるのです。

同期からの要求を断る

CASE 2

今日は忙しいのに、仕事中に
同期から雑談をされる！

ねえねえ、この間のさぁ、
あのドラマ見た？

1 肯定
ああ、うん

2 現状・事実
ああ、あれね。
うん、見たよ～見た見た

3 譲歩
ごめん！　なんか今の私の返事、
テキトーみたいだったよね？
そんなつもりはなかったの！

いい人ポイント

自分から直接的に伝えて断るのではなく、
相手に察してもらえるように伝えよう！

今回のシチュエーションでは、相手に「あ、今は話しかけるのやめておいたほうがよさそうだな」と気づかせる、という方向にもっていくのがいいでしょう。

目はちらちらと自分の仕事を見て、一応あなたの話は聞いてますよ、という目の動かし方をしながら、あいまいな返事をします。

そして、そのあいまいな返事をしてしまったことを謝るのです。

日本人は謝られると、とっさに「大丈夫」と返事をしてしまいがちですし、自分の責任だと言ってくれがちです。

なので、こうすると、相手から会話をやめてもらえる流れが作り出せます。

それに、はっきりと「やめましょう。今仕事中ですよ」と伝えて会話を断ると、角が立ちますし、話しかけてくれた相手が気分を害してしまう可能性が高いです。

確かに、仕事中におしゃべりをするのは褒《ほ》められたことではないですが、職場の人との適度な親和性も、協力的に気分よく仕事を遂行するためには、ある程度必要であることは、言うまでもありません。

社内の人からの誘いを断る

CASE 3 前から予定を入れていた日に、飲み会に誘われた！

○日、みんなで飲み会をやるんだけど、こない？

1 肯定
飲み会、いいですね！

2 現状・事実
でも、大変残念ながら、その日は都合が合わないんです

3 譲歩
次回また、お誘いお願いいたします！

いい人ポイント
決して嫌じゃないんですよ、という気持ちを言葉にしよう！

あなたも、こうした状況で困ったことが何度かあるのではないでしょうか？

こうした時に便利なのが、「せっかくのお誘い、とても残念ですが、今回は欠席させていただきます」などという定型文ですよね。

でも、もしあなたが誘った側だったとして、こうした返事がきたら、どう思うでしょうか？


私は、「お祈りメール」を思い出します。就職活動時に嫌というほど目にしたであろう、「あなたの今後の発展をお祈りいたします」というあの、お祈りメールです。

だから、なんだかすごく冷たい感じがするんです。

「ああ、この飲み会にまったく興味がなかったんだな」と思ってしまいます。

こう感じる人って、案外多いのではないでしょうか。


だからこそ、こうした定型文は使うタイミングと相手を見極めることが大切です。

でも相手がこうした定型文をどう思うのか、長い付き合いがないとなかなか見極めが難しいと思います。

そんな時に役立つのがこの、「じょうずに断るルール」という名の定型文なのです。
これを使えば、どんな相手だったとしても、相手を不快な気持ちにさせずに、断ることができます。

断る時に使えそうな便利な理由を、他にも何個か書いておくので、忙しくて本当に行けない時はもちろんのこと、何だか気乗りしないなって時にもぜひ、使ってみてくださいね！

・「私が参加するには、恐縮するような場であるように感じます」
↓参加するのにはハードルが高く感じていることを伝える。
・「みなさんの楽しんでおられるご様子を、ぜひ教えてください。今日はそれで我慢します」
↓参加したいものの今日は絶対に行けない、という気持ちを伝える。
・「そういう場にバーッと行ける人って素敵ですよね。私はどうも、勇気が出なくて……」

↓自分を下げたうえで、行くのはハードルが高いという思いを伝える。

・「どうにも自分は慎重すぎて、いつも仕事が遅くてなかなか終わらないので、その日も難しいかなと思います」

↓慎重すぎる自分の性格のせいにして、行けないと伝える。

上司からの突然の依頼を断る

CASE 4

前日に突然、出張に行けと言われた！

急なんだけど、明日の会議に出張してもらえる？

1 肯定
ああ、はい

2 現状・事実
○○で行われる新商品会議ですね。時間は確か、13時スタートでしたよね

3 譲歩
明日、自分はこの案件を進める必要があるんですけど、どうしたらいいでしょうか？

いい人ポイント
断るのではなく質問形にすることで、会話の方向を「話し合い」に変えよう！

このような「断りたいけれど、どうにもならない」という時は、問いを立てるというかたちにするのがおすすめです。

そうすれば、「明日はこの仕事をやろうと思っていたのに、出張に行ったら予定通りに進まなくなる……そうなったらどうすればいいんだろう……」という責任を、自分一人で背負う必要がなくなります。

それだけで、たとえ断れなかったとしても、その状況下での頑張りを認めてもらえるし、相手が自分の仕事を助けてくれるかもしれません。

また、こうした対応を続けていれば、突然のお願いは少しずつ減っていくでしょう。

なぜなら、あなたにも自分にもメリットがないと、上司が気づくからです。

そうなれば、「頼まれる↓断る・断らない」という関係から「頼んでもいいかどうか相談↓断る・断らない」という、大変居心地のよい関係に変化します。

突然のお願いだからって、その場ですぐに返事をする必要はありません。

相手を一緒に巻き込んで、時間をかけて判断をする流れを繰り返してみましょう。

社外の人からの提案を断る

CASE 5 弊社の得にならない提案をされた！

弊社の◯◯という商品を宣伝していただけないでしょうか？

1 肯定
御社商品の◯◯について、拝見いたしました。とても素敵な商品ですね

2 現状・事実
不本意ながら、弊社との相性があまりよくないように思いますので、今回は見送らせていただきます

3 譲歩
また他の商品でお声がけいただけますと幸いです。引き続き何卒、よろしくお願いいたします

いい人ポイント
商品が悪いとは言わずに、
相性のせいにしてしまおう！

たとえ断りづらいことでも、自分の利益を優先してズバッと断る姿は、ドラマなどでよく見かけるかっこいいシーンです。ただ、それは現実的ではありませんよね。実際にそうした断り方をしてしまうと、相手に不快な思いをさせてしまうかもしれませんし、その場の空気が悪くなることは言うまでもありません。

それに、相手は自分の組織と取引関係がある人です。そのため、関係を悪くしてしまうような対応は絶対に避けなければなりません。でもだからと言って、相手からの依頼をなんでもかんでも引き受けていたら、次は社内の人に迷惑がかかってしまいます。

そのためこうした場面では、「相性」のせいにして断るのがおすすめです。心の中では「え？　宣伝なんてできないよ。だって、この商品の宣伝をしても自分の会社の利益にはならないもん」と思っていたとしても、そこから目線を一歩ずらして、他の何かのせいにして断るということは、社会人として持っていたほうがいいスキルの一つです。

この時、本心が出すぎてしまう人は、表情や語り口にも気をつけるようにしてください。

他にも、「弊社の中で、メインユーザーになりそうな年齢層の者の何人かに聞いてみたのですが、今回はお力になれそうになく……」と伝えると、断っているにも関わらず、相手に「真摯《しんし》な対応をしてくれる人なんだ」という印象を与えることができますし、その場の空気を悪くせずにお断りすることもできます。

もちろんこの場合は、実際に事前に社内の一人以上には聞いておくことは必須ではあります。

また、相手の提案を丸ごと引き受ける、または、ばっさりとすべてお断りするのではなく、「期間限定でお引き受けする」「提案された商品のうちの一部のみをお引き受けする」など、条件をつけて、範囲を狭めた引き受け方をするのもいいでしょう。

今後、他のかたちでビジネス上のお付き合いがある相手の場合は、こうした対応が必要な場合もあるかと思います。

いずれにしても、お断りするいくつかの理由を、自分の手持ちのカードとして用意しておくだけで、どんな場面でも無理せず、損のない仕事をしていけるようになります。

特に、断るのが苦手な人は、こうした理由を常にいくつかストックしておくといいでしょう。

そうすることで、すんなりとじょうずに断れるようになるだけでなく、「もし断らなきゃいけない状況になったらどうしよう」という人付き合いに対する不安が少し和らぐはずです。

人付き合いをかしこく、簡単にするにはこうした事前準備も大切なのです。

上司からの期待を断る

CASE 6

上司から、自分にはできないような仕事を期待されている！

これ、Aさん（あなた）ならできるよね？お願いしていい？

1 肯定
あ、はい

2 現状・事実
これをするには、自分には知識が及ばないかと……

3 譲歩
ちゃんと勉強してからでは、だめでしょうか？

いい人ポイント

できないのに引き受けてしまうほうが、後々やっかいなことになるかも……こういう時は素直に断ることで逆に好印象に！

上司に期待してもらえるのって嬉しいですよね。嬉しいからこそ、その期待に応《こた》えたい！　と、断る選択肢すら思い浮かばないかもしれません。

でも、自分の実力を加味したうえで判断しないと、自分だけでなく、周りの人にも負担をかけてしまうかもしれません。

例文のように断れば、他に適任な人がいる場合は、もっと素早く的確にこなせる人に仕事を任せられるので、みんながｗｉｎ－ｗｉｎな状況になりますし、もし時間がかかってもよい案件だった場合は、自分の成長速度に合わせて進められるかもしれません。断ることが逆に「優しさ」につながる場合もあるのです。

また、もし断り切れずに引き受けることになってしまったとしても、その仕事が自分にはまだ実力不足な案件であることは伝えておきましょう。

なぜなら、自分の中の心理的なハードルを下げられると同時に、自分の弱みを見せることで、相手との心理的な距離がぐっと縮まるかもしれないからです。

それに、自分の中の心理的なハードルが下がれば、最初は「できそうもない」と感じていた仕事でも、案外すんなり進んでしまうかもしれませんね。

社内の人からの攻撃を断る

CASE 7 社内の人から嫌味を言われた！

このファイルは私じゃなくて、Aさんに渡してください。Bさんから聞いてないですか？

1 肯定
あ、わかりました

2 現状・事実
Bさんからはそういった指示は受けていませんでした

3 譲歩
Aさんに渡しておきますね

いい人ポイント
お人好しさんは、他人の小さなトゲトゲ言葉にも反応しやすいので、「嫌味かな？」と思った時はできるだけ冷静を心がけよう！

いい人って、こういう少し冷たい対応をされちゃうと、「自分に何か非があったのかもしれない」って考えて、逆にものすごく優しく丁寧に対応したくなっちゃうんですよね。よくも悪くも、他人からの評価を大切にするからです。

それに、他人の嫌味に過剰に反応する傾向もあるので、こうした小さなやり取りでもザクっと傷ついてしまいます。

こうした場合は、とりあえず角が立たないように、嫌な感じにならないように、できるだけ相手の温度感に合わせて対応するようにしましょう。

そういう冷たい対応には、冷たい対応で返しちゃって大丈夫なんです。そこであなたが神経をすり減らして優しく対応する必要はありません。

だから事務的に聞かれた時は、聞かれたこと以上のことは言わず、質問に答えるだけにしましょう。そしてあなたの優しさは、他の、もっと優しくしてくれた人に返してあげるためにとっておくんです。

優しさには優しさで、冷たさには冷たさで返すのが、楽な人付き合いをするためのポイントです。

社内の人からの不快な会話を断る

CASE 8 異性の社員が、不快な下ネタを言ってきた！

Aさん（同僚）って、いいカラダしてるよね

1 肯定
あー、Aさんですか？

2 現状・事実
困ったなー

3 譲歩
どう言ったらいいかわからないですね

いい人ポイント ①で肯定しきらないことで、初手から不快感をやんわり伝えよう！

こういった、下ネタを気軽に異性に話してしまうような人は、下ネタを振られた時の異性の反応を楽しんでいる計算的な悪意があるか、話の適切さがわからない人だと言えます。

だから本当は「下ネタは嫌い」とそのままストレートに伝えてもぜんぜん問題ないですし、むしろそうしちゃったほうがいいのですが、それが先輩社員だったり、飲みの席だったりすると、ちょっと難しいですよね。

特にみなさんは、そうした空気の変化に敏感ですから、「自分の一言でこの場の空気が変わっちゃったらどうしよう……」と思うと、なかなか断れなくって、不快な会話も我慢して、何なら楽しんでいるかのように振る舞ってしまうかもしれません。

そんな、その場の空気やノリを壊さないように断りたい場合には、表情を管理することをおすすめします。

「不機嫌そうな顔」「怒った顔」「深刻な顔」をするというのは、その場の空気を変えてしまうような力を持っています。実は、言葉よりも表情のほうが、周りに与える影響が強いのです。

なので、空気を悪くしたくないのなら、表情を変えずにいるといいです。

そして断る時には、①で肯定しないようにしましょう。

なぜなら、肯定してしまうことで会話が発展してしまったり、また同じような話題を振られたりしてしまうかもしれないからです。好意的に受け取られてしまうような発言は、避けましょう。

なので例文のように、①で相手の言葉を肯定しきらないようにして不快感を匂わせて、そのあとの②③で丸く収めていくようにすることで、後味の悪さを残さずに断ることができます。

また他の対応の仕方として、何も答えないで、話題が変わるのを、表情を変えずに待つのもアリだと思います。

無理に会話を広げないでいれば、誰かが話題を変えてくれるでしょう。

もし、やっぱり断れなくって、それでも何かを言わなきゃいけない雰囲気になってしまったら、「ええー？　何言ってるんですかー！」や、「ええ、知らないですー！」のような、とぼけた返し方をするのがおすすめです。

変にノリを合わせず、嫌な会話をすんなり避けることができます。

それでも突っかかられたら、もうあなたが一人で頑張る必要はありません。その相手よりも上の人に相談するか、社内の人事や法務の担当者に話をしてみましょう。そもそも、最初からそうしたって構いません。

あなたが嫌だって思ったのなら、もうそれは立派なセクシュアル・ハラスメントです。

こうした小さな「嫌」も、溜《た》まれば相当な苦痛になります。だから無理をせず、溜め込みすぎず、ちゃんと誰かに相談をするようにしましょう。

お世話になった先輩からの依頼を断る

CASE 9

自分の仕事で手一杯なのに、お世話になった先輩から新しい仕事を頼まれた！

申し訳ないんだけど、この仕事やってもらえる？

1 肯定

あーはい。この仕事ですね……

2 現状・事実

いつもお世話になっているので、こういう時こそお役に立ちたいのはやまやまなんですが……（間）

3 譲歩

申し訳ないのですが、これは、ちょっと自分にはできそうもないので、すみません……（頭を深く下げましょう）

いい人ポイント

とても断りづらい場面ですが、しっかりと頭を下げて、日ごろの感謝と一緒に伝えれば、印象を悪くせずに断れる！

いつもお世話になっていることと、頼まれてもできない事情があることとは、まったくの別物です。

なので、気持ちとして断りづらいなぁとは思っていても、この場合はあいまいにせずにちゃんと断るようにしましょう。

こうした場面では、間を使って断るのがおすすめです。間は、断る時の味方です。なぜなら、間をとることで、言葉に表しきれない「本当はやりたいけど、今の自分にはできないんです」という気持ちを、相手に伝えることができるからです。

でもだからこそ、お人好しさんたちは、相手に気を遣わせてしまうような気がしちゃって、間をとることをためらっちゃうんですよね。

そこで勇気を出して一度、間をとってみてください。間をとった時に生まれる、気まずい雰囲気や空気感こそ、断るのに必要なスパイスです。

きっと、あなたが思っているよりも優しい、穏やかな空気の中で断れると思いますよ。最後に深く頭を下げるのも忘れずに！

自分の苦手な依頼を断る

CASE 10 人前で話すのが苦手なのに、スピーチを頼まれた!

こんどの新入社員歓迎会で、先輩社員代表のあいさつをお願いしてもいい?

1 肯定

あ、はい。人前で話すんですね!

2 現状・事実

年次的に、自分なんかのあいさつじゃもったいないと思いますし、実を言うと、そういうのがかなり苦手でして……

3 譲歩

大変光栄なお声がけですが、もっと適任の方がいらっしゃるように思います。でも、どうしても私にということであれば、頑張って練習します!

いい人ポイント

自分の都合で断るだけでなく、それが結果的にみんなのためにもなると考えれば、断りやすいはず!

こうした、自分の苦手な、できればやりたくないことを頼まれた時には、肯定のあとに、自分の弱点を先に伝えてしまいましょう。

そうすれば、提案してきた人が「ああ、それなら他の人にしようか」と言ってくれたり、「苦手なのに前向きに検討してくれて優しい人だな。だったら苦手を克服するために、一緒に練習しましょう！」と、あなたの苦手を理解してくれたりする可能性があります。

それに、苦手や弱点を他人に伝えるのってすごく勇気がいることだとは思いますが、そうした一面を見せてくれるかわいさとか、嬉しさってあると思います。

弱点の開示が、今後の関係にいい影響を与えてくれるのです。

相手に強くてかっこいい姿を見せたい気持ちもわかりますが、ずっと肩に力を入れて生きるのって疲れちゃいますよね。

だからたまには、自分の弱点を見せて、かわいく断っちゃうのもアリなのではないでしょうか。

また今回のように、ランダム制や順番制ではなく、誰かからのご指名なのであれば、あなたがそれを勝手に苦手だと思っているだけで、周りからしたらそれが得意そうだと思われているのかもしれません。

なのでそうした場合は、自分の思う条件に引き寄せたかたちで引き受けるといいと思います。

たとえば、演台で話すのが苦手だと感じるのであれば、立ち位置を変えてもらうとか、一人では話しづらいと感じるのであれば、誰かとの掛け合いで話すようにさせてもらえるように提案したりとか、または、司会役を作ってもらって、その人に質問を投げてもらいながら、掛け合いで話す、とかもできるかもしれません。

資料を見せながら話せるのであれば、予《あらかじ》め資料を用意しておくだけで、気持ちのハードルが下がるかもしれませんね。

お人好しさんたちは、相手の要望を察知することが得意なので、こうした、相手の依頼の中にある真の要望に応えつつ、部分的に断りながら物事を進めることは得意だと思います。

なので、なんでもかんでも、苦手なことを一〇〇％全面的にお断りしようとするのではなく、相手の要望を聞きながらも「自分には何ができるだろう」と譲歩する視点を持つと、自分に正直に、でも、相手の気持ちも無碍《むげ》にしない断り方ができるようになります。

おつかれさまです。
この調子で
第2章もいっちゃい
ましょう！

第 2 章

親戚・家族への じょうずな 断り方

家族だからって、いろいろと無理しちゃっていませんか？

家族内では、感情を共有したり、励ましたり、褒めたり、質問したり、確認したり、提案したり、意見交換をしたり、謝罪したり、感謝したり、冗談を言ったり、指示をしたり、お願いをしたりなど、日常的にさまざまなやり取りがされています。

そしてこれらを組み合わせることで、家族内の関係が幅広く、柔軟で豊かになります。

家族内のみんなが、普段から「嬉しい」とか「悲しい」とか「不安」などの感情を共有している関係なら、その共有された感情に適した返しをすることで、安心した家族コミュニケーションを築くことができます。

でもそうした家族の中にいるお人好しさんは、何か頼まれたら常に引き受けてあげたい、期待には応えたい、という思いが強くなってしまうことがあります。

そしてそうした思いが、自分自身の負担になってしまうことも少なくありません。

家族の頼みを引き受けるために、自分を犠牲にしてしまうのです。
またその場合の多くは、自分がしたくてしていることだから、と、無自覚のまま自己犠牲的な対応をしてしまっています。

もちろん、そうしたあなたの存在のおかげで、家族が仲よく成り立っているという現実もあるかと思います。

でも本来、そうした負担は家族のみんなで分け合っていくものです。あなた一人が無理をする必要はありません。

家族だからこそ、無理な時はちゃんと断る必要があります。断ることは決して悪いことではなく、自分と相手の関係を大切にするための手段でもあるからです。

本章ではこれから、親しい人とのつながりを大切にしながら、自分を守り、無理のない範囲でできる断り方をお伝えしていきます。

ぜひ、参考にしてみてください。

自分を守る「断り方」

前述したようなかたちの家族がある一方で、誰かが「悲しい」と言った時に、そのことを皮肉ったり、ばかにしたり、「何それ？」と感情を否定したりするのが当たり前になってしまっている家族も存在します。

そうした家族内では、豊かなコミュニケーションが成立しづらくなります。

そして**お人好しさんが、家族に対してもその人らしく優しい人でい続けられるかどうかは、こうした家族メンバーからの反応によっても左右されます。**

外では優しい人でいられたとしても、家族内では無口だったり、愛想がなかったり、ついキツイことを言ってしまったりするのです。

他人の前ではしないような表情を家族の前でしてしまって、そうした態度をとってしまった自分に「ああ、自分はなんてひどい態度をとってしまったんだろう」「こんな自分が嫌になる」とうつむきながら思ったり、感情を共有し、豊かなやり取りができる家族をうらやましく思いながら、「家族の前でもいい人でいたい」と悩んでいるかもしれません。

本書で扱っている「じょうずな断り方」を実行するのは、関係性がいい家族の中であれば、それほど難しいことではないことでしょう。

家族内でも「じょうずな断り方のルール」に当てはめやすい、いつも通りの自分でいられるからです。

ですが、家族内でいい関係性が築けていない場合、家族のかたちによっては、このルールに当てはめた断り方が難しい場合もあるかと思います。

その場合は、無理にこのルールに当てはめなくてもいい、と私は思います。**「じょうずな断り方のルール」に当てはまらないから悪い人というわけではありません。**

それに、この断り方は、相手に嫌な思いをさせない、空気を悪くしないために使うものです。

だからこそ、そうしたいというあなたの思いがないのなら、無理に使わなくてもいいと思うのです。

でも、いい関係性が築けていない家族内であっても、相手に嫌な感じを残さずに断れるのは悪いことではないと思います。

なぜなら、**じょうずに断ることは、相手の攻撃から自分を守るためにも使えるからです。**それに、もしかしたらそうしたコミュニケーションをきっかけに、関係性が改善される可能性もあります。

本章では、そうした自分を守るための「じょうずな断り方」についても、さまざまなシーンを用いて紹介していきます。

断ることに罪悪感を抱かず、相手を思いやりながらも、自分を守るための断り方を、一緒に学んでいきましょう!

次はどんな
シチュエーションか、
楽しみだね！

子どもの要求を断る

CASE 1 電車の中で子どもが騒いでいる！

今日ね、お友だちとおままごとしたんだよ！　それでね、僕がお父さん役をやったの！　でもね、とちゅうでわんわんの役に変わったの！

1 肯定
話したいんだよね

2 現状・事実
電車の中は、大勢の人がいるから、大きな声で話すのはダメなんだよ

3 譲歩
もう少しで降りる駅だから、少し声を小さくしてね

いい人ポイント
子どもの話したい気持ちをくんでから自分のお願い事を伝えることで、子どもも受け取りやすくなる！

ある日の電車内で、二歳か三歳くらいの男の子と、そのお父さんらしき人が座りながら、こんな会話をしているのを見ました。

目の前の男の子は、しきりにお父さんの気を引きたがり、少し大きな声で隣のお父さんを呼んだり、手を引っ張ったり、寄りかかったりしていました。

その男の子のお父さんへの関わり方から、「この子はお父さんが大好きなんだろうな」と感じました。


ところが、お父さんは男の子のほうに顔も向けず、男の子が声をかけても「うん、うん……」と生返事を繰り返し続けていました。

お父さんは子どもに、車内では一定のマナーを守っていてほしかったのだろうなと思います。

だから、生返事をしながら、子どもが自分に話しかけるのを諦めてくれるのを待っているように見えました。

私はこのお父さんが、二十年ほど前の私に似ていると思いました。

私も同じくらいの年頃のわが子を育てていた時、ところ構わず、子どもが大きな声で話すことに驚き、戸惑っていた時期がありました。

子どもだから仕方ないことではあるのですが、周りの人が嫌な顔をしているんじゃないか、自分は子どもをしつけることができないダメな母親だと思われているんじゃないか、と考え出すと不安が止まらなくなり、そのお父さんと同じように「うん、うん……」と生返事をして、子どもが自発的に話しかけるのを諦めてくれるのを待っていたことがあったのです。


こうした時の子どもへの適切な声かけも、「じょうずな断り方」がわかっていれば、それほど難しいことではありません。
①②③に沿って、肯定し、世の常識や基準を少しずつ伝え、場に合わせて行動することを十数年かけて伝えていくのです。

すぐに何とかしないといけないと思うと焦《あせ》る気持ちもよくわかりますが、親が焦りながら何かを伝えてくれれば、その不安が子どもにも伝わり、あなたの言葉を受け取りづらくなります。

しかし、じょうずな断り方のルールに沿って落ち着いて伝えれば、子どももあなたの言葉を受け取りやすくなりますので、今はどうしたらいいのか、何でそうしなければいけないのかをしっかりとわかってくれるでしょう。

また、あなた自身がこうした断るスキルを使っていれば、お子さんもあなたとの関わりから、その方法を自然に吸収して使えるようになります。お子さんのコミュニケーション能力を伸ばすこともできるでしょう。

そのため私は、子ども相手だからなあなあにしてもいいのではなく、子ども相手だからこそ、正しい断り方で接してあげるべきだと考えます。

子育てに正しいやり方はありませんが、断り方には、正しいやり方があるのです。ぜひ、チャレンジしてみてください！

家族からのお願いを断る

CASE 2 友だちと旅行や遠出をするたびにお土産を頼まれる！

あ、旅行行くんだ。お土産よろしくね！

1 肯定
そう！　楽しんでくるね！
何か買ってきてほしいものある？

2 現状・事実
予定つめつめで、
時間あるかわかんないから

3 譲歩
時間に余裕があったら買ってくるね

いい人ポイント
旅行先に滞在できる時間が限られているのは誰でもわかることなので、お土産を買えない理由にぴったり！

家族からの「お土産よろしく」は、「いってらっしゃい」とほぼ同義だと考えていいと思います。

なので、普通の人なら「ああはい、いってきます」と流すような一言なのですが、お人好しさんはそこにちゃんと乗っていくんですよね。優しいから。

そしてそれが自分のプレッシャーになってしまうんです。「そう言っちゃったからには、いいものを買わなきゃ」って。

なので、そのタイミングで初手に「何か買ってきてほしいものある？」と聞いておけば、お土産の正解を探す必要がなくなります。まずは負担が一つ減るでしょう。

そしてそこから、確実に買ってこられるとは限らないので、一度期待値を下げてもらうために②③で、理由込みの条件をつけて「買ってくるよ」と伝えます。

こうしておけば、万が一買う時間がなかったり、買いたくなくなってしまったりした時にも、買わなくて大丈夫になります。

また他に考えられるケースとして、①の質問に対する回答に、お店や商品名が具体的に指定される場合もあるかもしれません。その場合は、「そのお店の近くには行かない予定なんだよね」と、断るのがいいでしょう。

パートナーからの否定的な態度を断る

CASE 3 パートナーが私の味方をしてくれない！

でもそれって、お母さんじゃなくて、君が悪いんじゃない？

1 肯定
あなたが言ってることはわかる。お義母《かあ》さんの言っていることにも一理ある、って言いたいんだよね。確かにあなたの立場からだとそう見えるかもしれないね

2 現状・事実
だけど、こういう時に、お義母さんの肩を持たれると、少し残念で、ツラくなる。だから、せめて『君の気持ちもわかるよ』と言ってくれると、ありがたいんだけど……

3 譲歩
それって難しいかな？

いい人ポイント
最初に相手の考えを理解しようとしていることを理性的に伝えることで、自分の気持ちを話しやすい空気感が作れる！

自分の味方だと思っていた人が、ふとした拍子に、あなたが苦手な人の肩を持つような言い方をする。「あの人にも一理あるよね」と気軽に言われてしまったりするようなことがありませんか。

こういう時についやってしまいがちなのが、「え？　何言ってんの？」と、鬼の形相で相手を責めてしまうことです。

そうなると、相手はあなたを恐れるようになるかもしれませんし、大喧嘩に発展してしまうかもしれません。

でもお人好しなあなたは、パートナーに対しても強く言えなくて、心の中では怒っていても、それを表には出していないかもしれませんね。

そうなると、「パートナーに言われたように、確かにお義母さんの言っていることには一理あるかもしれない。けど……けど……」とぐるぐる思考に陥《おちい》ってしまい、あなたの心の中にはモヤモヤがたまる一方です。

今回のケースで示した伝え方にも、これまでと同じ①②③の「じょうずな断り方のルール」を使っています。

この流れで伝えれば、相手を理解しようとはしていることを理性的に伝えながらも、悲しいと思っているという、あなたの本当の気持ちを吐露《とろ》することができます。

感情的に、攻撃的に伝えるよりも、あなたの考えや気持ちがしっかり伝わるので、パートナーも理解を示してくれやすくなるでしょう。

とはいえ、実際にこうした場面に直面した時に、毎回こんなにまとまった言葉を言うのはかなり難しいと思います。

なので、「こう言わなくちゃいけないんだ」と、硬くなる必要はありませんし、一気にすべてを言おうとしなくてもいいと思います。

まずは一部だけ伝えてみたり、ちゃんと言葉にできるまで自分を落ち着かせてから話すのでもいいでしょう。

自分のいいタイミングで、②③だけでも伝えてみると、状況はかなり変わると思います。

身近な人があなたの味方をしてくれなかった時に、自分の魅力が低いからとか、自分が悪いからとか、自分を責めてはいけません。

それはただ、相手にあなたの気持ちや考えが、ちゃんと伝わっていなかったから起きてしまった、というだけなのです。

だから、相手としっかり向き合えば、何の問題もありません。

あなたは優しくて、素敵な人です。少なくとも、この本と私はずっと、あなたの味方です。

妹弟からの無言の圧を断る

CASE 4

妹弟と出かけると、なんとなくおごらなきゃいけない雰囲気になる！

じゃ、そろそろ帰ろうか

1 肯定
うん、そうだね

2 現状・事実
四〇〇〇円かぁ……

3 譲歩
二〇〇〇円ずつでいい？

いい人ポイント

できるだけ、相手の顔色や目の動きを「見ない」ようにしよう！

こういう時、どうせなら「おごってー」とか言われちゃったほうが、「①はいよー②いや、待てよ。お給料もらってるよね？　③じゃあ二〇〇〇円ずつね（笑）」のように、笑いながら割り勘にしやすいので、逆に楽だったりしますよね。

でも、今回のケースのように、お会計はそちらが払ってくれるんでしょ？　という「空気」を出されるだけだと、どう動くのがいいのか判断に迷うでしょう。

頭の中で割り勘を申し出た時の妹や弟の反応を想像してしまうと、それがプレッシャーになったりもすると思います。

でもここで自分が全額を支払うと、下手したらそのあともずーっとおごらなきゃいけなくなるかもしれません。

なのでこの場合は、テーブルを立つ前に帰りの支度をしながら、「二〇〇〇円ずつでいい？」と自分の要望を伝えるのがいいと思います。ただ、この時、相手の顔色や目を見てしまうと飲まれてしまう可能性がありますので、できるだけ相手を「見ない」ようにすることがポイントです。

また他にも、「絶対に割り勘」「五〇〇〇円以上は割り勘」など、兄妹間での支払いルールを決めておくのもいいと思います。

親の要求を断る

CASE 5　高齢の母親が、病院の送迎依頼を匂わせてくる！

今日は病院に行かなきゃいけない日だけど、なんだか雨が降りそうだねぇ

1 肯定
ああ、お母さん、雨かもしれないねぇ。病院ねー

2 現状・事実
今日、○時から私でかける予定があるから

3 譲歩
送るだけならできるんだけど、お迎えはお父さんに頼んでおこうか？

いい人ポイント
まず自分を大事にする、その余力で人に優しくするのを心がけよう！

親の頼みだけは、断れない人。

親の頼みは断ってはいけない、と思っている人。

家族の中で断れなくなってしまっている原因には、あなたが、家族の雰囲気を悪くしないように頑張ってしまっていることが少しあるかもしれません。

たとえば、Aさんは、母親が「今日は雨が降りそうだねぇ」と言っただけでモヤモヤする、と言います。

雨が降ると、彼女は母親を病院に車で送っていかなければならないからです。

だけどそれは話し合ってそう決まったのではなく、いつの間にか「そういう決まり事」になってしまったのだそうです。

お母さんは、Aさんに一言も、「送ってほしい」や「待っててね」とは言っていません。でもAさんには、お母さんの言葉の裏に、そんな意図があるように思えてしまうのです。

だから、お母さんが「なんだか雨が降りそうだねぇ」と言うと、たとえ自分の用事があったとしても、お母さんを車で病院まで送り、待機し、また自宅まで送り届けるという役割を引き受けています。

それだけで半日はとられてしまいますから、Aさんの負担はかなりのものです。

Aさんは、そんな関係性にモヤモヤしていましたが、同時に「仕方ない」とも思っていたそうで、「そういう〝なあなあ〟なのが親子のいいところだから」と、断りもしませんでした。

読者のみなさんの中にも、Aさんのように、家族の雰囲気を壊さないようにするために、「断る」のを諦めている人がいらっしゃるのではないでしょうか。

こうした場合は、嫌味にならないような優しい言葉に置き換えて断ると、空気が悪くなることも、罪悪感を持つこともなく、すんなりと断ることができます。

先ほどの断り方を見て、あなたはどう感じましたか。

嫌な娘のように思いましたか。それとも、母親に寄り添う優しい娘のまま、しっかり断れているように思えましたか。

お人好しさんたちは、察する力も高いし、家族の雰囲気も壊したくないと思っていることが多いです。

だから、Aさんと同じような状況に陥ってしまいやすいかもしれません。

確かにご両親の存在は大切です。何よりも優先したくなる気持ちはわかりますし、自分が本当にそうしたいのであれば、してもいいと思います。

でも、その行動の裏で我慢していたり、自分に嘘をついたりしているのでしたら、それは自分を貶《おとし》めることになりますので、どこかでツラくなってしまうかもしれません。

自分を大切にしてあげたあと、余裕がある時に周りに優しくする。それぐらいが丁度いいのです。

親戚からのすすめを断る

CASE 6 親戚から結婚をすすめられた！

隣の家の○○ちゃんは、結婚したらしいよ。あんたもそろそろだね？

1 肯定

ああ、そういうこと、最近よく言われます

2 現状・事実

「仕事任され始めてるんで、楽しくて、なかなか誰かと付き合えないんですよ」「いいなと思う人はいるんですが、思い切って、言い出せないんですよ」「機会を作ろうと思って、動き出してはいるんですよ」　など

3 譲歩

もうちょっと待っててください

いい人ポイント　その場の空気を和やかにするために、まずはいったん受け止めよう！

ある調査によると、親や親戚に言われて嫌だなと思った言葉は、「結婚している家族や友人と比べられる」「○○さんは結婚したらしいよ、と言われる」「誰か紹介してあげようか？　と言われる」「結婚っていいよ、とすすめられる」というような、「結婚を促《うなが》す系」が多いのだそうです。

こうした、身内からのすすめを断らなければいけないような場合も、バシッと断り文句を叩きつける！　みたいなことをすると、やはり今後の家族関係が面倒になりますから、やんわりと断る方向がおすすめです。

中には、家族だからこそズバッと言っていいという考えの人や、そうしたハッキリと言い合う関係を好む人もいらっしゃいます。

でも、優しいみなさんにはそうしたやり方は向いていないと思います。

なぜなら、そうした断り方を一度でもしてしまうと、これまでの関係には戻れなくなってしまうかもしれない危険性があるからです。

きっとあなたが断らない理由の中には「これまで通りの関係でいたいから」という

思いもあるのではないかと思います。
断ってしまうことで、年に一度の親戚の集まりに行きづらくなったり、肩身の狭い思いをしたりしたくないから、ずっと一人で我慢しているのかもしれません。

けれど、そういう関係を変えてしまうような強い断り方じゃなければ、あなたのこれまでの努力を無駄にせずに断ることができます。

そのためには、やっぱりまず肯定をします。
そうすることで、相手は「そうだろう?」「言った通りだよな」と、自分の問いかけを受け入れてもらったような気持ちになりますから、断る前のいい空気を作れます。

逆にここで、あなたの気持ちをそのまま言葉にして、攻撃的な返しをしてしまうと、相手も攻撃的な返しをしてくるようになります。
もちろん大人同士ですから、そんなにあからさまな喧嘩腰にはならないかとは思いますが、「お前のことを心配して言ってやっているんだぞ!」くらいは、言われてしまうかもしれません(大きなお世話ですけどね……)。

なのでまずは、あなたが一つ大人になって、受け入れているとわかる肯定的な返答をしましょう。

そのうえで次は、自分の状況を淡々と、短く伝えるのです。

ここはありのままの、自分の事実を伝えましょう。

変に嘘をつくと、かえってこじれた話になることもありますから、ご注意を。

そして最後は、譲歩です。

ここで譲歩をしておくことで、話が丸く早く収まります。

さらにそこに、「もうちょっと待っててください」のような、「何もしていないわけじゃないから、すぐに結果を求めないでね」と、相手に伝わるような牽制《けんせい》言葉を伝えておけば、しばらくはこうした話を振られることもなくなるでしょう。

家族からの頼みを断る

CASE 7

もうスーパーの前を通りすぎているのに「スーパーで野菜買ってきて」とメッセージがきた！

スーパーで野菜買ってきて

1 肯定
はーい

2 現状・事実
ああ、でももうスーパーは通りすぎちゃってるんだよねー

3 譲歩
戻って買ってきたほうがいいくらい、緊急性高い？　なら戻るけど？

いい人ポイント

緊急性の高さを確認することは、自分にも相手にもメリットがある！

こうした連絡がくると、つい反射的に「いいよ！」と送ってしまいたくなるかと思いますが、それはちょっと待った。そのお願い事って、本当にあなたが「今」きた道を戻ってでも、しないといけないことなんですか？

もしかしたら相手は、「ついでに買えるなら買ってきて」くらいのレベル感かもしれません。チャットの文字だけだと、そうした細かいニュアンスが伝わりにくいので、勘違いしてしまいがちです。

なのでそういう時は、まず、相手の緊急レベルをしっかりと確認しましょう。

しかしここでも、チャットの文字だけだと、あなたの「緊急性が高いなら、労力を惜しまずに買って帰るよ。そのつもりではあるよ」という気持ちが伝わりにくくなってしまうので、③のように、あなたの考えを具体的な言葉にして伝えたほうがいいでしょう。

相手が「それでも買ってきて」と言ってくるならば、その時は戻って買ってくることになるとは思いますが、これをきっかけに、そうした無駄な往復をなくすためのやり取りを考えるようになるかもしれません。

たとえば、駅に着いた時に「何か買って帰るものはある？」と聞いて、二度手間をなくすようにするというのは一つの改善策でしょう。

反対に、相手から「通りすぎちゃったなら、明日でもいいよ」とか「通りすぎたなら、戻ってもらうのは申し訳ないから、今日は野菜が少なくなっちゃうんだけどいい？」のような返信がくる場合もありますよね。

そうしたら、あなたはまっすぐに家に帰るだけですし、空気を悪くせずに断ることができます。

そして、こうした場合に気をつけてほしいポイントがもう一つあります。

それは、最初に「スーパーで野菜買ってきて」というメッセージを受信した時に、初手で「はーい」という肯定メッセージを送ることです。

もしここでいきなり「ええ、今？　もう通りすぎちゃったよー」という否定的なニュアンスの返信をしてしまったら、相手は少なくともムッとするでしょうし、意地になって喧嘩腰の返信をしてくるかもしれません。

その結果、「そのくらい、いいじゃない」「ちょっとくらい、家事のサポートもしてよ」「あなたはいつも協力的じゃないんだから」のような、寝た子を起こすような事態に発展してしまうかもしれません。

なので、心の中では「ええ？？？」と眉をしかめて、「なんで自分が？」「買ってなかったの？」と、相手を責めたくなるような気持ちが出てきていたとしても、円満に断りやすい空気を作るために、そして、今後のいい関係性を維持するために、初手で「はーい」という肯定の返事をすることが大切なのです。

ちなみに、私は二度手間がとても嫌いなので、一度きた道を戻って買い直すくらいなら、今夜のおかずのメニューの中にそれが入っていなくても、気にしないと返事をします。それくらい、きた道を戻りたくありません。徒労感が半端ないからです。

でも、それほど嫌ではないという人もいらっしゃると思いますので、許容度はそれぞれご自身の基準で変えてくださいね。

家族からの期待を断る

CASE 8

もう好きじゃないのに「これ好きだったよね」と言われて大量のお菓子をもらった！

これ、好きだったでしょ？
食べなさい、たくさんあるよ

1 肯定

あ、わーい！
本当だ、すごいたくさんあるねー

2 現状・事実

自分、もう○歳だからさ

3 譲歩

さすがにこんなには食べられないかも。
友だちにわけてもいい？

いい人ポイント

その場でたくさん食べずに、うまく持ち帰れるような言い訳ができる！

久しぶりに実家に帰ったり、祖父母の家に行ったりするとよくあるシーンですね。

こうした場合も、やっぱり相手の善意や愛を感じるからこそ、すごく断りにくいと思います。

でも実際、もうあまり好きではないものを無理して食べるのって、結構大変ですよね。他に本当に食べたいものが食べられなくなっちゃったりしたら、悲しいですし。

だからこの場合は、一見断っていないように見せながら断る、という方法がおすすめです。

そしてこの場合のポイントは、出してくれたお菓子を、その場に残さないようにすることです。

残ったものは、持てる範囲で構わないので、できるだけ全部持ち帰るようにしましょう。全部食べられなかったら一日に一個を消費していくかたちでもいいですし、本当にお友だちにあげてもいいと思います。

そしてその持ち帰るための理由としては、年齢を引き合いに出すのが、いい塩梅《あんばい》で完璧だと思います。

兄弟姉妹からの攻撃を断る

CASE 9 兄弟姉妹から急に嫌味を言われた！

お姉ちゃんはいいよね。小さい頃からお母さんに、いろいろやってもらってたもんね

1 肯定
あ、そんなこともあったねぇ。よく覚えてるね。ありがたかったよねぇ

2 現状・事実
でもさ、その言い方ちょっといじわるじゃない？

3 譲歩
そんな言い方されると、悲しいわ

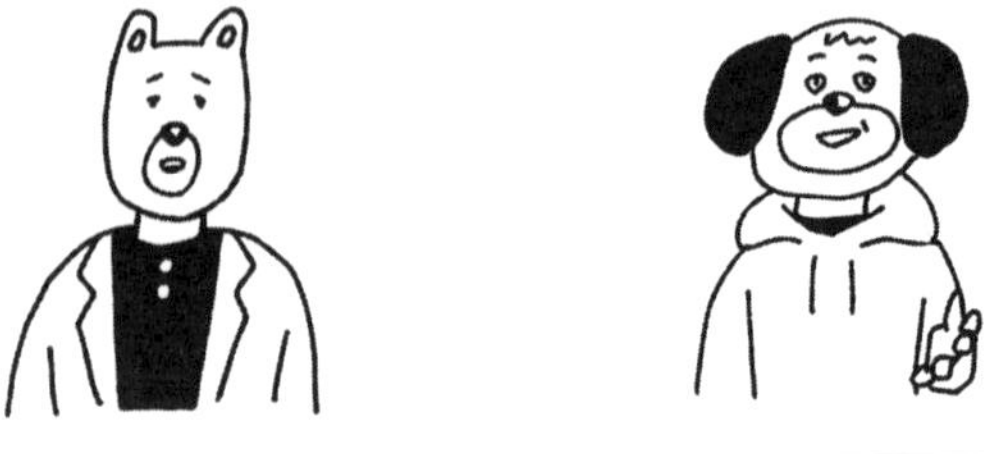

いい人ポイント 軽く、さらっと受け流すようにに返すことで、余裕感を出そう！

完全にいじわるな意図がなくても、少しとげのある言い方や、嫌味なことを言われてしまった時って、とても悲しいですよね。

そういう時は、「相手を断る」のではなく、「攻撃を断る」ようにしましょう。

相手を断ろうとすると角が立つので、姉妹喧嘩に発展してしまうかもしれません。大人になってからの兄弟や姉妹の喧嘩ほど、後悔するものはありません。

だから、「そういうことを言われると、冗談でもちょっと嫌な気持ちになるからやめてね」という気持ちを伝えることで、もうこれ以上、攻撃されないように、攻撃するのを断るのです。

この時、自分はそう受け取ったよ（例文では「言い方ちょっといじわるじゃない？」の部分）と軽めのトーンで、それこそ冗談っぽく返すのがポイントです。

そうすると、相手に釘を刺しながら、同時にあなたの心情も伝えられます。しかも、軽く言うことで余裕感を出すことも可能です。

そして最後は、「この話題はこれでおしまいね」という意味を込めて、結論をつけないで終わらせるようにしましょう。

義両親からの厚意を断る

CASE 10 義両親からわが子に向けたおもちゃのプレゼントが多すぎる！

今日は、このクマのお人形をあげるねー

1 肯定
あ、このお人形ありがとうございます

2 現状・事実
いつもこんなにたくさん買ってもらえて、嬉しいです

3 譲歩
でもあんまり負担をかけてしまうと申し訳ないので、本当にときどきでいいですからね

いい人ポイント
自分が言い出しにくい気持ちを伝える時は、ジェスチャーを多めにすると、自然と伝えやすくなる！

このケースは、わが子を、実の親や義理の親に預けると、ものすごくよく起こる問題かと思います。

子どもがまだ小さいと、どう伝えたらいいのか悩みますよね。

子どもにわがままを覚えてほしくない。

お菓子は決められた量にしているのに、おじいちゃんやおばあちゃんの家ならたくさん食べられると思ってほしくない。

自分が制限をかけた時に「おじいちゃん、おばあちゃんならたくさん食べさせてくれたのに」と言われたくない。

自制心を持った人間になってほしいから一定の量を渡しているのに、子どもが喜ぶからとか、おじいちゃんおばあちゃんのことを、好きになってほしいからという理由で与えすぎてほしくない。子どもに気に入られようとして、ずるい。

など、さまざまな思いが交錯《こうさく》することでしょう。

自分の親であれば、ある程度言葉を選ばなくても言いやすいかと思いますが、義両親だとすごく困りますよね。

もちろん義理の家族との関係性にもよりますから、この例文の対応が誰にでも使える手段とは言えないのですが、こうした場合、「おじいちゃんやおばあちゃんのところでは特別」という決まりを子どもにも伝えつつ、軽く牽制程度に断りながらも、大筋は甘えてしまえばいいのではないかと思います。

あまりガチガチに断ったり、ルールを決めたりするのではなく、子どもにはちゃんと説明して、義両親からも「ここでは特別」であることを、子どもに伝えてもらうように頼むのです。

また、例文よりももう少しちゃんと牽制しておきたいのなら、③で「普段買ってもらえるのも嬉しいんですけど、誕生日やクリスマスに思いっきり買ってやっていただけると、子どももっと喜ぶと思いますので、ぜひその時にお願いします!」と、具体的に、ポジティブに伝えるのもいいと思います。

相手がよかれと思ってしてくれたことって、相手の気持ちや思いを考えると、すごく断りづらいと思います。

もしかしたら、優しいみなさんの中には「せっかくわが子のためにしてくれていることなのに、マイナスな感情になってしまうなんて、私はなんていじわるな人間なんだ」と自己嫌悪をしてしまう人もいらっしゃるかもしれません。

自己嫌悪は悪いことではありませんが、長引かせてもいいことはありません。

もしあなたが、両親や義両親に対して、「気持ちはすごく嬉しいけど、自分の子育ての方針には合わないな」と感じているのなら、後悔しないように、じょうずに断るようにするといいと思います。

ここらへんで、
少し休憩して
みたら？
無理は禁物だよ

第3章

友だちへのじょうずな断り方

友だちとの関係をさらによくする断り方

お人好しさんたちにとって、たとえ相手が長い付き合いの友だちであったとしても、雑に扱うのはとても気が引けるでしょう。あえて意識はしていなくても、常にどこかで少しだけ気を遣ってしまっているのではないでしょうか？

そしてそんなみなさんは、友だちともめることをとても嫌う特徴があります。二人の間に、実際にはもめるようなことが起きていたとしても、争いにならないよう、気を回しているのです。

だからそういう人たちは、相手の誘いや提案にあまり気が乗らなかったとしても、断ることで関係や空気が悪くなるくらいなら、と我慢してしまいがちです。

「相手が喜んでくれている顔を見ると、自分も幸せに感じる」し、「誰かに期待されたら一二〇％で応えたい」ので「そのために、ちょっと無理するのもあり」と考えて、自分の都合よりも、相手の希望を優先してしまうのです。

それは素敵な考え方ですし、きっとそういう人は、周りの人たちからの評価も「いい人」で通っていると思います。

でも、こうした友人関係を続けていると、こんなことを思ってしまうことはありませんか？

「私ばっかり気を遣ってる！」「友だちにも、もう少し配慮をしてほしい！」と。

自分が気を遣っていると、無意識に相手にも同じものを求めたくなります。これは、あなたの性格が悪いからではありません。人間だから当たり前です。

でもあなたはきっと、そのイライラを抑えながら、「うん、いいよ」と言ってしまっているのではないでしょうか。もしかしたらそれを超えて、「この関係、いつまで続くんだろう」とうんざりしてしまっているかもしれません。

そんな関係、大変じゃないですか？　もっと楽に、友だちと楽しい時間を過ごしたくないですか？

時には自分の気持ちに従って、断ることがあってもいいんです。

これまでの付き合いの中で断っていなかった分、今さら断るなんてできそうもないな、と少し憂鬱《ゆううつ》になるかもしれませんが、大丈夫です。
本章では、そんな人たちに向けた角の立たない断り方もご紹介していきます。

余計な一言を言わない「言葉選び」

仲のいい友だちへの断り方だとしても、言葉が丁寧であること、相手を邪険《じゃけん》に扱っているように聞こえないような伝え方をすることなど、言葉の選び方が大事であることとは共通して大切なポイントです。

人は、相手のことを言葉遣いで判断することがありますが、その判断基準は人それぞれです。

ちょっとした強めの言葉でも、「失礼だ！」と感じる人もいますし、その逆で、どんなに邪険に扱われても、何も思わない人もいます。そして、何も思っていなさそうなのに、実は傷ついている、という場合もあります。

いろいろな人がいて、表面的にはその人の言葉の判断基準はわかりません。

なので、断る時には、その**相手がたとえ気を許した友だちだったとしても、丁寧な言葉やクッション言葉を使うようにしましょう。**

たとえば、「そんなところ行きたくない！」という言葉は、行きたくないという気持ちがストレートでわかりやすいけど、ちょっと怖い人のようにも感じます。

同じ断り方でも、「せっかく誘ってくれたのに申し訳ないけど、それはあんまり気が乗らないな」のようにすると、同じ「断る」でも、だいぶ印象が変わってきますよね。

ここから先は、そんな、友だちといい関係を築くための「じょうずな断り方」を、実例つきでご紹介していきます。ぜひ真似してみてください！

友だちからの久しぶりの誘いを断る

CASE 1 友だちから久しぶりに遊びの連絡がきたけど、あまり気が乗らない！

こんど、久しぶりに遊びに行かない？

1 肯定

（クッション言葉）わ！　久しぶりだね！　元気にしてた？

遊びもいいね、久しぶりだし

2 現状・事実

ただ、今の会社が家から遠くて通勤時間が長いから

3 譲歩

一時間くらいだけでもいいかな？

いい人ポイント

初手で、連絡をくれたことに対しての喜びを伝えることで、自分の妥協案を相手に受け入れてもらいやすい状況が作れる！

久しぶりに友だちから連絡がきた場合、それが遊びであってもご飯であっても、何だか気が乗らないなあ、ってことがみなさんにもあるのではないでしょうか？

もちろん連絡がくるのは嬉しいんだけど、なんか少し様子を見たいような感覚です。

そんな時は、まず初手のクッション言葉として、連絡がきた嬉しさを出すのがおすすめです。「久しぶりに話す嬉しさ」を伝えることで、相手も喜んでくれていることに嬉しくなって、断る理由に目が向きづらくなるからです。

さらに、このクッション言葉を使うことにより、あとに続く会話を近況報告にすり替えていくこともできます。

また、あまり連絡をとっていなかった友だちから急に連絡があった場合、宗教やマルチ商法に誘われる可能性があることも、考慮しておくべきです。

相手によるかとは思いますが、少しでもそうした危険性がありそうならば、「久しぶりに友だちから連絡があると嬉しいね。あ、でも、アレとかじゃないよね？」と、ちょっとぼかして茶化しながら、危険性に気づいていることを匂わせておくといいでしょう。

ぼやかすことで、ダイレクトな会話になりづらく、やんわりと「そういうお誘いを受けるのなら会うのは断りたい」という姿勢が伝わります。

勧誘の会話になってしまった場合は他にも、「両親から絶対ダメって言われてるから」とか「夫がそういうことにとても抵抗がある人で」のように、目の前でまさに勧誘しようとしてきている相手と関係のない人物を引き合いに出すというのも、さらりと断れるのでおすすめです。

実は私は、こうした勧誘をされることがとても多く、かつては、とある教団の導入ビデオを見るところまでいってしまったことがあります。

ですが、最近は断るのが得意になってきたので、そうした事態も未然に防げています。

つい最近「お茶に行きませんか？」と、久しぶりに連絡がきた友だちから誘われたのですが、その人が宗教の勧誘をしているという噂を聞いたことがあったので、「もしかして、私は何かに誘われる可能性がありますか？」と、誘われた時点で尋《たず》ねました。

その時はチャット上でのやり取りだったのですが、しばらく間があってから、「はい」という回答が返ってきたので、「そうでしたか。それではお茶にご一緒しても無駄足になってしまうと思われます」とお伝えして、お断りしました。

このように、友だちからの誘いを断るってすごく勇気のいることではありますが、そうすることで、自分を守ることもできるのだと、ぜひ覚えておいていただければと思います。

友だちからの誘いを断る

CASE 2 友だちからご飯に誘われたけど、あまり気が乗らない！

こんど、ご飯食べに行かない？

1 肯定

あ、いいねー

2 現状・事実

あでも今、甘いもの食べ過ぎて太っちゃったから、ダイエットしてるんだった

（クッション言葉）めっちゃ行きたいんだけど……

3 譲歩

あと3キロ痩せられたら、行くね

いい人ポイント

ちょうど今思い出したかのように言うと、嫌味や嘘っぽくならず断れる！　ちょっとした小芝居も、じょうずに断る時には必要かも。

「ご飯、行く？」「あ、いいよー」

というやり取りは、幸せなご飯タイム決定の瞬間ですが、この時に少しでも心に「あ、でもなぁ……」という迷いが残るとしたら、少し待ってください。

あなたの心の奥のほうから、ＳＯＳ信号が出ているかもしれません。

もしかしたらあなたは今まで、その友だちと一緒に過ごしている間に、心の中に少し引っ掛かる何かがあったのではないでしょうか。

たとえば、あなたの心をチリっとさせるような強めの感想を言う人だったり、あまり意見が合わない人だったり、いつも待ち合わせに遅刻してくる人だったり……。

そうした、自分では気にしていないつもりの小さな違和感が高まった時、心のＳＯＳ信号として誘いに対する迷いが生まれます。

あなたはそのＳＯＳ信号をずっと無視し続けますか？

それとも、その信号にしっかりと耳を傾けて、一度自分の気持ちを緩めてあげますか？

もし、あなたが緩めるほうを選んだのなら、相手からの誘いを一度断ってみるといいでしょう。

まずは、「あ、いいねー」と肯定をするのですが、この時に注意してほしいのは、「いいよー」ではなく、「いいねー」と言うことです。

「いいよー」だと「行きますよ」という意味になりますが、「いいねー」だと、あなたはまだ、その誘いを承諾していないということになります。「いいアイディアだね」と意見を言っただけです。

こうしておけば、そのあとに断り言葉が続いても、相手は違和感なく受け入れることができるでしょう。

そうしたら、次は何でもいいので、それっぽい事実を伝えます。簡潔にです。そこまでの話の流れ的に、違和感のないものがいいでしょう。

当たり障《さわ》りのない事実であれば、「最近、仕事が忙しいんだ」ですし、あなたが猫を飼っているならば、「猫が家で待ってるから」などでもいいでしょう。

そして最後は、話の文脈に沿った譲歩に移ります。「だから、仕事が落ち着いてきたら行こうね」「猫が一匹でお留守番できるようになったら連絡するわ」などと伝えましょう。

また、ビジネスの場面では、断り言葉に感情を表す言葉をつけ加えるのはそぐわないのですが、友だち同士の場合は適していると言えます。

なので、「今回は断るしかないけど、残念だなぁ」という思いをより強調するために、「めっちゃ行きたいんだけど……」のようなクッション言葉を入れるようにしましょう。

友だちとご飯を食べに行って発散できるものもあれば、逆にモヤモヤが溜まることもあります。人間同士の付き合いであれば、それはどこでも起こりえます。

自分の気持ちを無視しすぎず、友だちと同じくらい、自分も大切にできるように意識してみましょう！

苦手な友だちからの誘いを断る

CASE 3

苦手な友だちから、ご飯に誘われた！

久しぶりにご飯でも行かない？

1 肯定
あ、ご飯。そうだね、そろそろ一年経つしね

2 現状・事実
今、忙しくなってきちゃったから、すぐに決められそうもないんだよね

3 譲歩
いろいろ落ち着いた頃にこっちから連絡するから、その時でもいい？

いい人ポイント

主導権を握るのは苦手かと思いますが、連絡のタイミングについては、主導権を握るだけで気持ちが楽になるのでおすすめ！

相手のことが苦手なのに、なぜか頻繁に遊びや食事に誘われる。そんな不思議なことが、時には起こることもあります。相手の求めに応じて毎回誘いに乗っていると、当然ですが、相手は誘いをやめてくれません。

「あなたのこと、もともと苦手だったのよ！」だなんて急に言えるわけもないし、かといってこのまま誘われ続けるのもしんどい……と困っているなら、この方法を使ってみるといいかもしれません。

でも、「今さら断るのも変だよね」と考えてしまって、ますます断れなくなってしまっているようでしたら、数回に一回とか二回に一回くらいは、返事をあいまいに濁《にご》す、または即答を避ける、というような方法で、あなたがあまり乗り気ではないことを、相手に察してもらえるような回答をしてみてください。

明確に断らなくても、少し「大歓迎しているわけでもなさそう」という空気を匂わせることで、誘いが減ったり、断りやすい雰囲気になったりする可能性もあります。

でもやっぱり、最終的にはちゃんと断ってほしいです。

だって、あなたの心の奥底ではきっと、その時を待っているから。

だから、できる人は例文のような断り方をしてみてください。

誘われるのを待っているままだと、連絡がくるのは相手のペース次第になるので、すべての主導権を相手が持っていることになってしまいます。

なので、そうではなく、例文のようにこちらから誘うというかたちにすれば、連絡のタイミングにおける主導権は、自分が持つことができます。

こうしておけば、ちゃんと連絡をしたなら「自分から誘った」と積極性を示すことができるし、誘わなかったらご飯に行かないだけです。

もし相手から催促のような連絡がきたとしても、「ごめん、まだ忙しいの」と返すだけで終わらせることができますし、「あ、ごめん。日が経つのは速いね。そうだった。で、いつにする?」と角を立てずに、予定を組み直すこともできます。

完全に断りたいわけじゃなくて、日程だけ変えたいというような場面でも、連絡のタイミングにおける主導権を自分に移してしまえば、日程の選択権は自分側にあるので、簡単に日程を組み直せます。

自分が気乗りしていないことを相手に気づかせずに、それとなく断りたい、もしくは、何かしらを変えたいのなら、連絡のタイミングにおける主導権を握るだけで、その後の関係性や付き合い方が楽になります。

友だちからの誘いを部分的に断る

CASE 4 あまり気の乗らない遊びに誘われた！

こんどの休み、映画見てランチしない？

1 肯定
あ、何それすごい楽しそう！

2 現状・事実
私その日、午後にお墓参りに行く予定があるから

3 譲歩
ランチだけなら行けるんだけど、どう？

いい人ポイント
②に「でも」をつけてしまいがちですが、これをつけて言い訳っぽくしない優しさで、ポイントアップ！

こうした部分的に断る場合も、やっぱりまずは肯定をするのですが、そのあとに②で事情を話す時、「でも」とつけないのがポイントになります。

なぜなら、ここで「でも」とつけてしまうと、そのあとに控えている戦略の効果が弱まってしまうからです。


きっと相手は、あなたに一度、自分の提案を肯定されたあとに、②のように「私その日、午後にお墓参りに行く予定があるから」と言われると、「ランチも遊びも全部断られちゃうのかな?」と、その先の展開を勝手に予想して、少し落ち込むでしょう。

あなたはそのタイミングで、「ランチだけは行ける」という揺り戻しをするのです。


そうすると、相手は「え、行ってくれるの?」と、一度はすべてを断られてしまうと思っていたのに、一部でも承諾してもらえたことに目が向くので、とても喜んでくれるでしょう。

この振れ幅をより大きくするために、「でも」を使わないようにするのです。

これは、心理学的なテクニックでもあります。

先に、相手に不利な条件を伝えておき、あとから「でも実は」と相手が喜ぶ条件を伝えるという方法です。

そしてこうしたテクニックは、テレビショッピングでもよく使われています。

最初に「五九、八〇〇円」という金額を表示し、視聴者に「高いなぁ」と思わせます。そこから、「実は今なら、二万円で下取りいたします」と、視聴者が喜ぶような割引金額を呈示するのです。

視聴者は、最初に提示された「五九、八〇〇円」を基準にして購入を検討するようになるので、結果的に二万円引きの「三九、八〇〇円」で販売されるとなると、「安い」と考え、購入につながりやすくなるのです。

これは、アンカリングや、ドア・イン・ザ・フェイス法という名前の交渉術として知られているものですが、断りたいけど全部断るほどではない、という場合にも有効的に使えます。

「ご飯には行くのに遊びは断るなんて、不自然だと思われるんじゃないだろうか」と不安に思ったり、相手の誘いを自分の思い通りに変えてしまうなんて、なんだか悪いなぁという罪悪感を抱いたりするかもしれません。

ですが、実際にやってみると、きっと相手は、あなたの想像以上に気持ちよくあなたの提案を受け入れてくれるでしょう。

これは、あなたの罪悪感を薄める断り方テクニックなのです。

ちなみに、こうした場合で②の事情として使うのにおすすめなのは、例文でも使っている「お墓参り」です。

これは、一家の行事として違和感なく受け入れてもらいやすい予定なので、いい事情が思い浮かばなかった時に、ぜひ使ってみてください。

友だちからの誘いを ストレートに断る

CASE 5

察するのが苦手な友だちから、気が乗らないご飯に誘われた！

久しぶりにご飯でも行かない？

1 肯定
あ、そうだね

2 現状・事実
私、今忙しいから

3 譲歩
○月頃なら行けるかも。
近くのお店がいいなぁ

いい人ポイント

察するのが得意なあなたは、相手に合わせた伝え方も得意！　人によってはシンプルに伝えたほうが効果的なことも……！

どうでしょうか？　今回の断り言葉、みなさんには少し冷たく感じられてしまったでしょうか？

でも、時にはシンプルに、ストレートに、思いやりを入れすぎない断り方のほうがいい場合もあるんです。

たとえば、断る相手が、他人の気持ちを察するのが得意な人なら、即座に日程が決まらないだけで「もしかしたら、とても忙しいのかも」とか「そういう時期もあるよね」とわかってくれるでしょう。

でも、断る相手が察するのが苦手な人だったら、シンプルに、ストレートに伝えたほうが逆に親切ですし、むしろ伝わりやすくなります。これが、配慮しすぎないほうがいい場合です。

そうは言われてもやっぱり、優しくていい人でお人好しのあなたはきっと、ストレートすぎる言い方のせいで相手が傷ついてしまうのではないかと、不安が残ってしまうと思います。

なので、もしそうした不安が残るようでしたら、断り言葉の最後に「あ、なんか言い方きつかったよね？　ごめんね」とフォローを入れるようにしましょう。それだけで十分です。

対面なのであれば、常に笑顔で話すのも大切です。表情も言葉に含んで考えてみてくださいね。

このような、ストレートな断り方をしなければわかってくれない人は、確実に存在しています。あいまいな言い方では伝わらないのです。

ちょっとのヒントで多くのことを察することができる人もいれば（お人好しさんたちはたいがいこちらです）、逆にいくらヒントを出しても、まったく察することができず、言葉のまま受け取ってしまう人もいます。

また、こうした察するのが苦手な人は、あなたの状況を、その様子から察することも苦手です。なので、直接聞こうとします。

それで、あなたが今どんな状況なのか知りたい、仲よくしたいと感じた時に、あなたがどう思っているかなどはお構いなしに、ストレートに誘ってくるのです。

そのため、もしかしたら、あなたが元気でやっていることや、仕事がどれくらい忙しいのかなどの近況報告をさりげなくするだけでも、相手からのしつこい誘いや連絡は減るかもしれませんね。

どういう場合においても、じょうずに断るためには、「この人には、どのくらいストレートに言えば伝わるのか」ということを見極める必要があるのですが、これはお人好しさんたちの得意分野であると言えるでしょう。

なぜならみなさんは、相手のことを常によく見ていて、細かい反応の違いに敏感だからです。

だからこの断り方は、みなさんにしかできない、「お人好しさんのためのじょうずな断り方」と言えるでしょう。

友だちからの勘違いを断る

CASE 6

友だちに見当違いな決めつけをされた！

つまりあなたは、Aさんのことをうらやましいと思ってるんだね

1 肯定

うらやましい？　ああ、そうだね

2 現状・事実

こうやって話すと、うらやましいと思ってるように見られちゃうんだね。うーん、ああなりたいとはあんまり思ってないかなぁ

3 譲歩

でもそう見えたってことは、自分でも気づいてないところで、そういう部分を持ってるかもしれないよね

いい人ポイント

相手の決めつけを否定せず、「そう見えてしまうのか」と見え方のせいにすれば、誰も傷つけない断り方ができる！

相手に見当違いな決めつけをされたことはありますか？

もう二度と関わらないような人だったらそのまま流してもいいかもしれませんが、まだ何度か関わる予定やつもりがある人だったら、そうやって勘違いされたままの状態で関係を続けていくのは、あなたのストレスになるかもしれません。

訂正をするって、優しすぎる人にはすごく難しいことだと思いますが、自分を守るためにも、ここは相手の勘違いをしっかり断っておく必要があります。

そしてこの場合、必死になって否定したくなるとは思いますが、否定すればするほど「やっぱりうらやましいんだよね？」と、相手がヒートアップする可能性が高くなります。

なのでこの場合は、相手の言ったことを全面的に訂正するのではなく、部分的に訂正するのがおすすめです。

②でちゃんと否定したあとに、フォローとして「相手はうらやましいという気持ちがあることを、私に認めさせたい」という、決めつけてきた相手の思惑をオウム返しするようにしましょう。そうすれば、相手の対抗心を燃やさずに訂正できます。

友だちからのすすめを断る

CASE 7 友だちから悩みを相談するよう促されたが、今はまだしたくない！

何か悩みがあるなら話してみなよ

1 肯定
そうだね。話したら楽になるかも、だよね

2 現状・事実
いつも自分で解決したいって思っちゃいがちなんだ。よくない癖だよね

3 譲歩
でも今はまだ、話さないほうがいい気がするんだ。次会った時にはきっと話せると思うから、その時でもいい？

いい人ポイント
自分の「よくない癖」という言い方をすることで、相手を嫌な気持ちにさせずに断れる！

こういう、相手の優しさからの提案だからこそ断りづらい……けど誰にも話したくない、話せない悩みを抱えている時ってすごく困りますよね。でもこういう時もやっぱり、あなたが話したくないと思っている気持ちを優先するのが大切です。

まずは①で肯定したあと、②で相手との距離を取るために事情を話します。もちろん、本当の理由を言う必要はありません。相手を傷つけない適度な理由を伝えます。

この時、自分に非があるように伝えると、相手は聞き入れやすくなるので、例文の言葉をそのまま使うのがおすすめです。このセリフを言うだけなら、相手に嘘をついてしまっているという罪悪感を抱かなくて済みますしね。

次に③では、時間を稼ぐ提案をするのがおすすめです。その間にあなたの考えが変わって相談したくなったり、相手も相談を促さなくなったりするかもしれないからです。

そして次に会う時にも言いたくなかったら、「まだ話せそうにないんだよね」で大丈夫です。それでも相手が話させようとしてくるのなら、関係に一線を引いてしまってもいいと思います。あなたのことをわかってくれる人は他にもたくさんいますからね。

友だちからの提案を部分的に断る

CASE 8 友だちから興味のない映画に誘われた！

ねえ、この映画一緒に見に行かない？

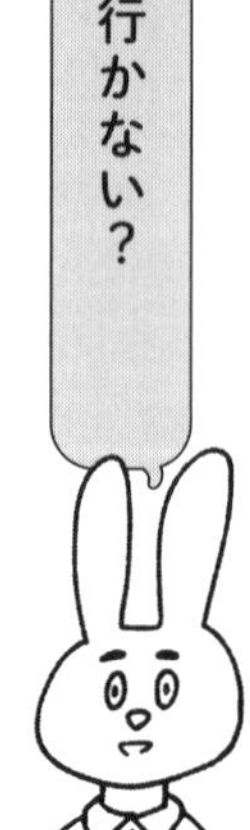

1 肯定
ああ、その映画ねー

2 現状・事実
なんでその映画が気になってるの？

3 譲歩
そこが刺さったんだ！　実は私はこっちの映画のほうが気になってたんだけど、どう思う？

いい人ポイント

疑問形を使うことで、お互いがお互いの見たい映画の話をできるので、対等な立場で話し合うことができる！

こうした場合、「私はそれには興味がない」と相手に伝えなくても、疑問形をうまく使うことで、じょうずに断ることができます。

例文のように、「私にはその映画のおもしろさがどこにあるかわからないから、教えてほしい」という素直な気持ちを疑問形で伝えればいいのです。そうすれば、相手の気分を害することなく、自分の気持ちをさりげなく伝えることができます。

そして相手の話を聞いて、興味が持てたなら一緒に行けばいいし、やっぱり無理そうなら、自分が見たい映画の話をするといいと思います。相手は自分の好きな映画について語ったあとですから、あなたの映画の話も気持ちよく聞いてくれるでしょう。

お互いがお互いのことを、今まで以上に深く知ることができます。

あなたの話を聞いたあと、相手はあなたとの趣味の違いに気づいて、他の人を誘うことにするかもしれないですし、お互いの見たい映画に付き合い合うことになるかもしれません。どうなったとしても、あなただけが我慢して、相手の都合に付き合うような不均衡な関係ではなくなります。

このように、少し勇気を出して断ってみるだけで、相手との距離がぐっと近づくこともあるんです。

友だちからの急な提案を断る

CASE 9

友だちから急に待ち合わせ時間変更の連絡がきた！

12時に待ち合わせしてたけどさ、私10時頃に着いちゃいそうなんだよね。早めに合流して買い物でもしない？

1 肯定
あ、10時に着くんだ

2 現状・事実
今仕事し始めちゃったから、どう頑張っても10時には着けなさそうなんだよね

3 譲歩
予定通り、12時でいい？

いい人ポイント

「どう頑張っても」という一言を加えることで、頑張ってみようとする意思が伝わるので、角が立ちにくくなる！

お人好しさんがこうした場面に直面した時、相手の反応を恐れるがあまり、自分の予定ややりたいことよりも、相手の要望を優先してしまいがちです。

そしてそのために、自分を説得しようとします。たとえば、「夜、解散したあとに資料を作る時間もあるから、早めに待ち合わせても大丈夫だよね」とか、「一人で焦りながら資料を作るよりも、誰かといたほうが気が紛れるもんね」とか。

実際には誰もあなたを責めていないのに、嫌われたり怒られたり、不機嫌になられたりしたくなくて、どうにかして相手の依頼を承諾しようと、自分で自分を説得するのです。

確かにそういう、相手の気持ちを考えて優先してあげられるのは、あなたのいいところです。でも、やっぱり自分の負担を増やしてまで相手を優先してしまうのは、やりすぎかもしれません。

だからこういう時のためにも、友だちの誘いを断って自分の思いを伝えられる、いい感じの伝え方がわかっていれば、いざという時に必ずあなたを助けてくれます。

もっと気楽に断れるようになれたら、友だちとも、もっとラフで対等なやり取り（断ることも）ができるようになるのではないでしょうか。

友だちからのお願いを断る

CASE 10

友だちからツーショット写真をSNSにアップロードしてほしいと言われたけど、怖いからしたくない！

この写真、二人ともかわいく撮れてるからアップしてよ

1 肯定

ああ、その写真ね！　私も好き！

2 現状・事実

ずっと言ってなかったけど、私SNSに顔あげるのNGなんだ

3 譲歩

事務所から禁止されてて（笑）……ごめん

いい人ポイント

冗談を混ぜると、その場の空気を壊さずに断れる！

みなさんは日頃、冗談を言うことはありますか？

実は冗談って、使い方によってはみなさんのお助けアイテムになってくれるんです。

もちろん、空気が悪くなるような冗談も存在します。誰かをけなしたり、バカにしたりするような冗談は最悪です。

でもそうじゃなくて、例文のように「えー何それー(笑)」と言ってもらえるようなかわいい冗談は、空気を明るく、楽しくしてくれます。

それに、冗談って、職場や仲のよくない人が相手だとなかなか言えないものですから、相手も、距離が近い証拠として嬉しく思ってくれるかもしれません。

もしまだ、冗談を言い合うような関係ではなかったとしたら、③で「禁止されて」とだけ言ったあと、笑いながら、「いや、まあ禁止ってほどではないんだけど。私あんまり、SNSに顔あげたくないんだよね」のように、本音をさらっと伝えると、自然でいいと思います。

どちらの断り方も、最初から「そんなのやりたくないよ」と伝えるのに比べて、場は和やかなまま断れるのではないでしょうか？

友だちからの会話を断る

CASE 11 自分の恋愛の話なんてしたくないのに、友だちから求められる!

じゃあ次は、あなたの番ね。最近どうなの?

1 肯定
私の番? えっと……

2 現状・事実
困ったー、心の準備できてなかったー。Aさん(友だち)の恋愛うらやましすぎる!

3 譲歩
次までに話せるネタ仕込んどくから、もっとAさんのお話聞かせて!

いい人ポイント

「嫌だ」「話したくない」のような強い言葉を使わず、相手のトークを引き出すことで、さりげなく自分のターンが避けられる!

恋愛話を自ら持ちかける人は、「自分の恋愛話を誰かに聞いてもらいたい」と思っている場合がほとんどではないかと思います。

だって、そもそも自分の恋愛話をしたくない人は、わざわざ話題にあげようとすら思わないですから。

だから、「もっと話して」「聞きたい」と、相手に話してもらうように促すというのは、あなたが話すのを断れる（避けられる）だけでなく、相手にも気持ちよくなってもらえる、とてもいい方法なんです。

③では、例文のような言葉以外にも、たとえば、具体的な相手の特徴や近況について「その人とはどういうきっかけで知り合ったの？」「最近、どんなところにお出かけしてるの？」「その人のどんなところが好き？」など、話が深掘りできるような質問をしてもいいと思います。

相手の話を深掘りできればできるほど、話題はあなたの恋愛話から遠ざかっていきますし、相手は自分の恋愛観や好きな人のことを思い出しながら話せるので、その場の空気はどんどん盛り上がっていくことでしょう。

ここまで本当に
おつかれさまです！
あと少し、一緒に
頑張りましょう！

第4章

日常で出会う人へのじょうずな断り方

あなたの人生をさらに豊かにする方法

本章では、何気ない場面でふっと訪れる「あ、それは断りたい。けど、あんまり無《む》碍《げ》にもできないよなぁ……」というでき事を取り上げていきます。

みなさんは、お店や美容院、道ばたなどいろいろな場所で、「こちら、いかがですか?」とすすめられたり、誘われたりした経験はありませんか。

その時のあなたは、嫌なことやいらないものをちゃんとお断りできていたでしょうか。

それとも、うまく断れないからと引き受けて、あとから後悔してしまっていたでしょうか。

一度でも断れなくて後悔した経験があると、その時と同じお店や美容院に行くのが、少し不安になりますよね。

「またあの時みたいに断れなかったらどうしよう……」と思うと、店員さんや美容師さんとの会話も楽しめなくなっちゃうと思います。

でも、そうした場面でもちゃんと断れるようになると、「断れなかったらどうしよう」という不安ではなく、「またあの人といろんな話をしたい」とポジティブな気持ちにさえなります。

相手に誘われたり、すすめられたりすることで生まれる新たな会話や、これまで触れてこなかったような新しい情報を、純粋に楽しむことができるようになるからです。

実は、こうした会話を楽しめるようになるという変化があると、あなたの想像以上に、人生が豊かになります。

本章ではこれから六つの場面を想定し、断り言葉を紹介していきます。

どの断り言葉も、想定されている場面以外でも使いやすいものになっていますので、日常のいろんな場面で思い出して、ちょっと使ってみてもらえると嬉しいです。

お買い物じょうずになれる裏ワザ

断り言葉に入っていく前にもう少しだけ、日常的に断れるようになるとどうなるのか、そのメリットをご紹介していきたいと思います。

私がまだうまく断れなかった頃、たまたまきた訪問営業の人の営業を断ることができず、仕事を頼んでしまってすごく後悔したことがありました。

契約までの間に何度か話を聞く機会があったのですが、私は、「断りたい。断らなきゃ」という一心で営業トークを聞いていて、それでもやっぱりうまく切り出すことができないまま、流れで契約してしまったのです。

ですが、断ることができるようになってからは、「いつでも断れる」という自信から、営業担当者の話を余裕を持って聞いていられるようになりました。

「その商品のいいところと悪いところ」とか「使い方のコツ」とか、「どんな人が買っているのか」とか、こちらから質問しちゃうくらいです。

そのおかげで、その業界の人しか知らないような裏話を教えてもらえたりもしました。

そうやって、購入の検討に必要な情報を得たうえで、本当に欲しいと思ったら買いますし、いらないと思ったならば、「いろいろお伺いしましたが、私には使いこなせそうもないので、買わないことにします」と言ってから、「でもいろいろと教えてくださってありがとうございました。勉強になりました」とお礼を言って、ちゃんと断ります。かなりお買い物じょうずになれたと思います。

それに、**営業をする側にとってはただの営業トークではありますが、話に出てくる情報や豆知識は聞く側にとっては新鮮で、とてもおもしろいんです。**

その楽しい会話のおかげで、またお出かけしたくなったり、お買い物じょうずになったり、自分の視野が広がったり……いいことがたくさんありました。

お人好しさんたちは、相手の話を聞けば聞くほど「こんなに話してもらったのに断るのは申し訳ない」と思ってしまうかもしれませんが、営業職とはそういうお仕事ですし、そもそも営業職を選ぶ人は、誰かと会話をするのが好きな人が多いでしょう。

もし会話するのが苦手な人だったとしても、あなたが練習台になってあげたと思えば、それは相手にとっても迷惑な時間ではなく、いい練習時間になるはずです。

そう思えば、営業の人やおすすめしてくる店員さんとの会話を、少しだけ前向きに捉えられるようになるのではないでしょうか。

「断る」を「当たり前」にする5つのステップ

お人好しさんたちが気楽に断れるようになるためには、こうしたメリットを知ること以外にももう一つ、必要なことがあります。

それは、**「断っても大丈夫、断っても嫌われない」という経験をする**ことです。

お人好しさんたちには、頭ではわかっているけど行動が伴わない、という状態に陥りやすい傾向があります。どうしても先に頭で考えてしまって、なかなか行動に移せないのです。

でもそんなみなさんが、そうした状態から脱却して、気楽に断れるようになる方法があります。それが、左図のような、「楽に断るための好循環」に入っていくことです。

断っても大丈夫だと体感的に思えるようになると、断れる回数は自ずと増えていきます。

図1　楽に断るための好循環

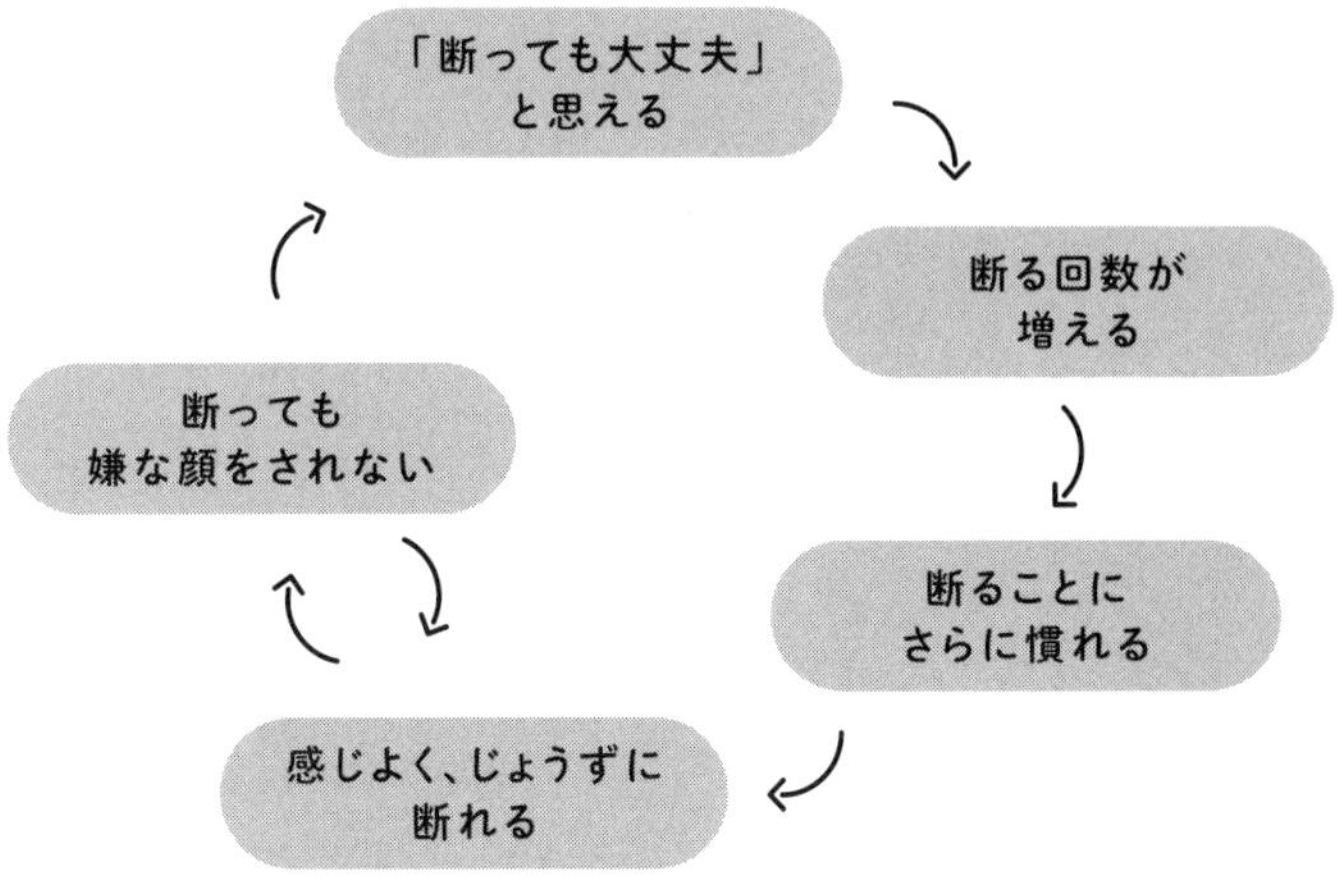

断る回数が増えていくと、断ることに、さらに慣れていきます。

断ることに慣れると、断り方の工夫を考えるようになっていきます。「もっと感じよく断るには、こうしたほうがいいのかな？　次はやってみよう」と。

そうすると、感じよく断れる言葉のバリエーションが増えます。表情や間のとり方、態度にも工夫ができるようになったりします。

そうなると、とっさの場面でも、じょうずな断り方ができるようになります。

ここまでくればもう、断ることが苦痛ではなくなります。むしろ、断ることでさらに相手との距離が縮まったり、自分や相手にメリットがあることをわかっていきます。

これが、「楽に断るための好循環」です。

そしてこの好循環に入れると、**断ることだけでなく、コミュニケーションや話し方にも自信がついていきます。「話し方の好循環」にも、入ることができる**のです。

さて、いかがだったでしょうか。

自分が「楽に断るための好循環」に入るのは難しいと感じたでしょうか。それとも、「よし、やってみようかな」と前向きに思ってもらえたでしょうか。

好循環に入るための最初の一歩はやはり、実際に断ってみることしかありません。ここにはあなたの勇気が必要不可欠です。

そして本書が、あなたがこの好循環に入るための背中を押してくれる一冊になるでしょう。

第1章から第3章までは、比較的距離の近い相手との断り方を紹介してきましたが、本章では、店員さんや美容師さん、知らない人など、距離の遠い相手との断り方を紹介していきます。

そうした相手のほうがその場限りの関係だし、断りやすいと思う人もいらっしゃるかもしれませんね。

自分にはどんな断り方が合っていて、誰にならできそうなのか、最初の一歩は誰を相手にするのか、意識しながら読んでいただければと思います。

店員さんからのすすめを断る

CASE 1 買い物をしたら、他の商品もおすすめされた！

こちらの商品もいかがですか？

1 肯定
あ、いいですね

2 現状・事実
うーん、でも今日は荷物を増やしたくないんだよなぁ……

3 譲歩
すみません、またの機会にします

いい人ポイント
即答しなければいけないという固定観念を捨てよう！

何かを購入したあと、店員さんに「こちらもいかがですか?」と、ついで買いを促されることがありますよね。それまで優しく接客してくれていた店員さんに言われたりしたら、断るのがさらに難しくなると思います。

こうした場面では即答せずに、脳内で具体的な、購入してから自宅に帰るまでの一連のシミュレーションをしてから答えるのがおすすめです。

シミュレーションの中で、商品を買って帰る時に荷物になっているのが気になるなら、「今日は荷物になると困るんだった……次にしてもいいですか?」という言い方ができますし、お金を払う場面でお金の持ち合わせがあまりないということに気づいたなら、「うーん、今日は持ち合わせがあんまりなくて……」と言って断れます。

他にも、自宅で実際に使っている場面をシミュレーションすることで、すすめられている商品よりも、今使っているもののほうが優れていることに気づくかもしれません。そうしたら、「今使っているのが気に入ってるので、少し考えてもいいですか?」と質問形を混ぜながら断ることができます。

最後の③で、「次の機会に」「こんどきた時は」などのような、未来形の期待ワードを入れると、店員さんの提案を無碍にすることなくいい感じで断りやすくなります。

しつこい人からの営業を断る

CASE 2 訪問営業の人がなかなか帰ってくれない！

これ、どうですか？

1 肯定
相手がしつこい場合は、①を飛ばしましょう

2 現状・事実
（首を横に振る）

3 譲歩
相手がしつこい場合は、③も飛ばしましょう

いい人ポイント　断るのがツラい時は、必要最小限の動きで済ませよう！

勇気を出して購入しない意思を伝えたのに、相手がわかってくれなくて、なかなか帰ってもらえないこともありますよね。

「もうここまできたら買うしかないのかな……」と、その押しの強さに負けて、買ってしまったこともあるかもしれません。

そんな時は、頑張って言葉で断ろうとするのをやめちゃうのがおすすめです。

実はこれが一番相手に伝わる、かつ嫌な思いもさせない、じょうずな断り方なんです。

この場面では、あなたは既に、その商品に興味がないことをあいまいにでも、相手に伝えていると仮定します。

それでも相手は営業をしにきていますので、あなたが商品にあまり興味を持っていないとわかっても、営業トークをし続けてきます。

あなたの気が変わるかもしれない、起死回生《きしかいせい》のヒットで買ってもらえるかもしれない、とねばってくるんです。相手はそれがお仕事なわけですから、仕方のないことです。

ここで大切なことは、相手はなぜねばっているのかということです。

そう、その理由は前述した通り、「あなたの気が変わるんじゃないか」と期待しているからです。

だから逆に、早めに帰っていただくためには、「いらない」「買わない」とはっきりとした言葉で伝えることが必要なのです。

ところが、お人好しさんたちはそうした強い断り言葉を使うのが苦手です。相手を傷つけちゃうんじゃないか、とか、失礼になっちゃうんじゃないか、などと考えてしまうからです。

そうした場合は、ニコニコしながらでいいので、「あ、確かによさそうですけど、私はいらないんで」とか、「今買えないんで」「使わないのですみません」などと、表情や態度はやわらかくしながらも、言葉には「不要」「買わない」というような、きっぱりとした断り言葉を使うようにしましょう。

でもそうは言われても、やっぱりそんな強い言葉を使うのは苦手……という人には、今回の例文のような、ジェスチャーを使うという断り方をおすすめします。

首を横に振る以外にも、そわそわするようにしましょう。目線をちらちらさせる、トイレに立つ、スマホを触る、体と顔の角度を相手から逸《そ》らすなどです。

そして、①（肯定）と③（譲歩）を言わないようにすると、首振りの効果がさらに上がります。

でも、いつの日かは、こうした営業の人に対しても「ああ、すみませんね。いろいろ話聞かせていただいて。でも、買わないので」と言葉で言えるような自分を目指しましょう。

今はまず、初めの一歩としてジェスチャーで断る。好循環に入れたら、しっかりと言葉で断る。この流れをおすすめします。

美容師さんからのすすめを断る

CASE 3 髪を切りにきただけなのに、トリートメントもおすすめされた！

トリートメントもいかがですか？
今、キャンペーンで20％オフなんです

1 肯定
あ、トリートメント。
そうかー、トリートメントですね、

2 現状・事実
効果ってどれくらい続きますか？

3 譲歩
そうですか……うーん、悩むけど、
今日はいいです

いい人ポイント
①で相手の提案を繰り返すことで検討する時間を稼ぎ②で自分が知りたいことを素直に聞けば、一番いい選択ができる！

美容室ではこうした会話、かなりあるあるだと思います。

そしてこういった場合、「いやいや、トリートメントをしてもらったところで、その効果は数日だよね？　それに、追加料金は払いたくないよ」と費用対効果を計算して、あまり気乗りしないことが多いのではないでしょうか。

ですがお人好しさんたちは、「ここで断ったらケチな人だと思われるんじゃないか」「他の人はみんな『いいですね、やってください』ってオーダーしてるのかも」と、美容師さんからどう思われるのかが気になって、断れなくなります。

そうした場面でじょうずな選択をするためには、「それいくらですか？」「効果はありますか？」「どのくらい効果が持ちますか？」など、検討に必要な条件を聞き出すことが必要です。これができると、断るのもスムーズになります。

それにこうした質問は、相手に前向きな姿勢が伝わるので、気を悪くされることはありません。おすすめする人たちは、自分の話を無視されるのが最も嫌なことなんです。だから、こんな質問をしてもらえたら、逆にめちゃくちゃ嬉しいと思います。

まずは自分の気持ちに素直に質問して、それから断るかを判断しましょう。

他人からの善意を断る

CASE 4 電車で本当は立っていたいのに、席を譲られた！

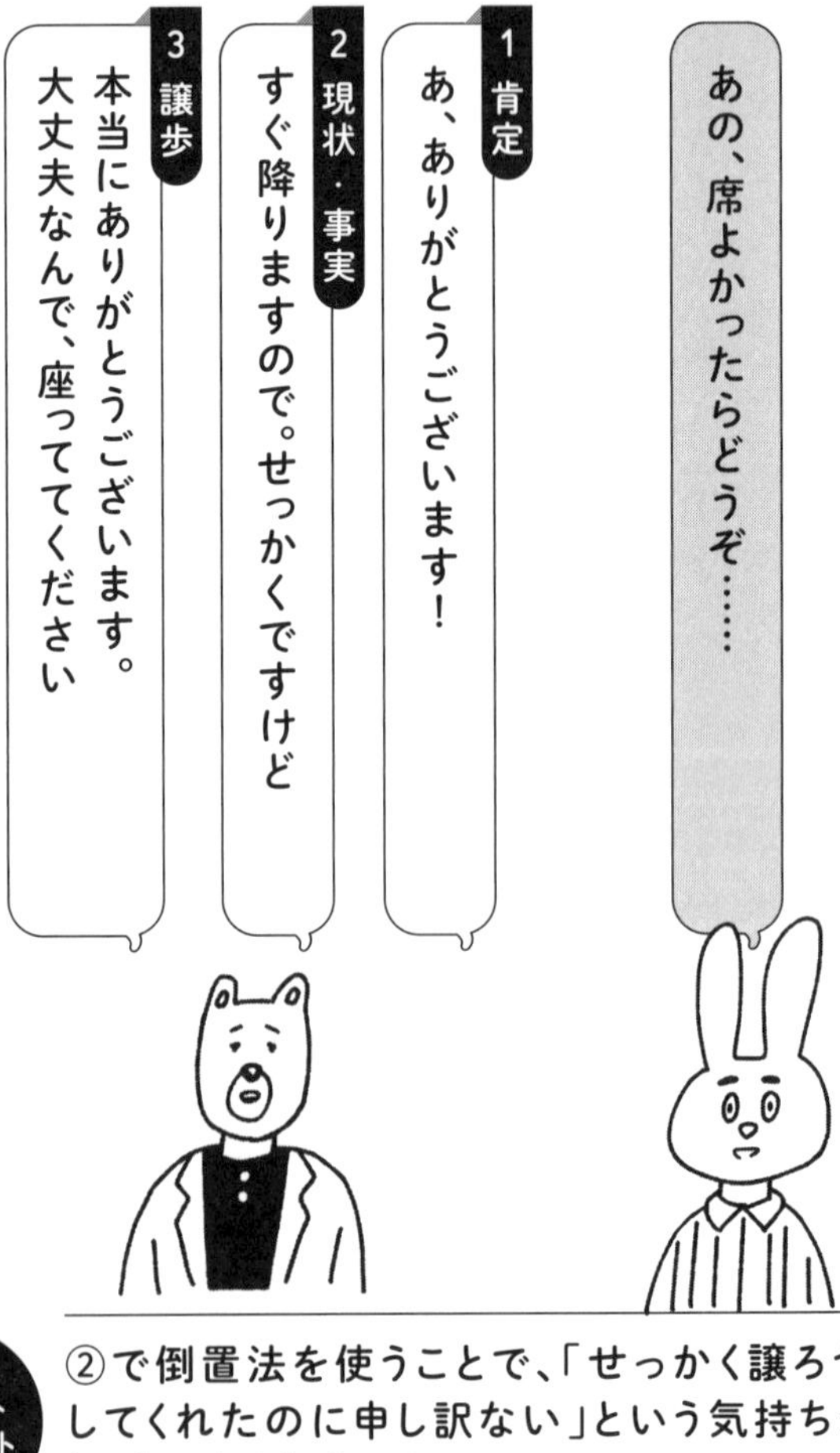

あの、席よかったらどうぞ……
1 肯定
あ、ありがとうございます！
2 現状・事実
すぐ降りますので。せっかくですけど
3 譲歩
本当にありがとうございます。大丈夫なんで、座っててください

いい人ポイント

②で倒置法を使うことで、「せっかく譲ろうとしてくれたのに申し訳ない」という気持ちが、相手により伝わる！

子どもがまだ小さかった頃、電車で「よかったら」と席を譲ってもらうことがよくありました。でも、うちの子はバタバタする子だったので、逆に座ることで騒いでしまう可能性があり、本当は断りたかったけど、相手の善意を思うと断れず、結果的に座ってから子どもが騒いで、「断ればよかった」と後悔したことがありました。

今、もし同じ状況になったとしたら、「ああ、ありがとうございます。座ると子どもがバタバタしそうなので、このままで……譲っていただいたのに、せっかくですけど」と伝えて、断ると思います。

だって断ったからと言って、相手の善意を受け取れないわけじゃないですからね。

そして私は断る場面において、倒置法はとても有効な文法だと思います。

倒置法にするだけで、なんだか、申し訳なさそうな感じがするからです。

たとえば、②の文章が正しい「せっかくですけど、すぐ降りますので」という順番で構成されていたら、なんだかちゃんとしすぎていて、逆に申し訳ないという慌ただしい心の中が表しきれなくなっているように感じませんか。

なので、相手の善意を感じてしまって断りにくい時は、倒置法を使って、あなたの「本当は断りたくないんだけど……」という優しさを伝えてあげてください。

店員さんからの頼みを断る

CASE 5 急いでいるのに、お店のアンケート協力を頼まれた!

今、ご利用いただいたお客様にアンケートをお願いしてて、もれなく……

1 肯定
あ、アンケートですか。へぇー

2 現状・事実
すみません、今時間が……

3 譲歩
本当にすみません。こんど機会があれば、ぜひ!

いい人ポイント
自身の都合を②で伝えたうえで、③で「やりたくないわけじゃない」という気持ちを「機会があれば、ぜひ」に置き換える!

アンケートって、あきらかにお店都合のお客様に対する頼みごとですよね。なのに嫌な顔一つせず、逆に協力できないことに対して悩んでいるなんて、あなたはなんていい人なんでしょうか！

無視したりもせず、あからさまに面倒くさい素振りを出さないようにしてあげられるなんて素敵すぎます。まずは、そんな自分をいっぱい褒めてあげてください。

できるだけ協力したいとは思っていても、時には、そのあとに何か予定があったりして、断らなければいけない場面もありますよね。

その場合は、②で自身の都合を「今は時間がなくて」「急いでて」「仕事があって」「人を待たせてて」などのように、一言で簡潔に伝えましょう。

そして最後に、「こんど機会があれば、ぜひ！」と「次」を含めて伝えることによって、「別にアンケートに答えること自体が嫌なわけじゃないんですよ」とか、「本当に今は都合が悪いだけなんですよ」という気持ちが伝わります。

それが伝われば、店員さんを嫌な気持ちにすることもありませんし、あなた自身もいい気分でお店をあとにすることができるでしょう。

困っている人からの頼みを断る

CASE 6 急いでいるのに、知らない人に道を聞かれた！

あのー、ここに行きたいんですけど……
1 肯定
あ、はい。ここですね……
2 現状・事実
うーん、ええと実は今ちょっと急いでいまして……
3 譲歩
お教えしたいんですけど、本当にごめんなさい

いい人ポイント

ちゃんと自分の事情をないがしろにしていない！　相手に合わせて無理しないことが、お人好しさんたちには一番大切。

お人好しさんたちって、醸《かも》し出す雰囲気もなんか柔らかいから、こういう頼み事を受けることが割と多いほうだと思います。

時間があるのならば、知っている場所ならば、ちゃんとわかりやすく教えてあげたい。ちょっと込み入った場所だったら、紙に書いて伝えてあげたり、なんなら連れて行ってあげたくなってしまうことだって、あるかもしれません。

お人好しさんたちは、困っている人を助けて、相手に喜んでもらえることで自分の存在意義を確認したくなる傾向にあるので、こうした、人の役に立てるような場面では、むしろやりすぎてしまわないように気をつけたほうがいいかもしれません。

時間がない、どうしても丁寧に向き合ってあげられない、そんな時には例文のように、自分の都合を簡潔に、ただしぶっきらぼうにはならないように伝えられたら十分です。

あとは、道を聞いてきた人が無事に目的地に到着できるよう、心の中で「グッドラック」を念じて、あなたはあなたのやるべきことをまっとうしましょう。

他人を優先しすぎないことだって、優しさなんです。

あとがき

ここまで読んでいただき、ありがとうございました。

私は、「断る」という行為を、ただ断って会話を終わらせるためだけの手段だと考えてしまうのはもったいないと思っています。

私は、単純に誰かに誘われたりすすめられたりすると嬉しいので、断らないことが多いのですが、残念ながら本当にいらなかったりできなかったりする場合には、しっかりと断るようにしています。

この時、常に、少しでも感じよく断れるといいな、と思っています。たとえその断る相手が、その場限りの知らない人であったとしても。

ある時、そうやって感じよく断るためには、ある程度のコミュニケーションが必要だと気づきました。

相手はなぜ私に声をかけてくれたのか、本当の意図は何なのか、その人にはどういう断り方が合っているのか……などは、相手との会話の中からしか察することができないからです。

そして、そういう会話を糸口にして広がっていくコミュニケーションは楽しい、ということにも気づきました。結果的に相手のお願い事を断ることになったとしても、その場で生まれるコミュニケーションは、心を豊かにしてくれます。

お人好しさんたちは断るのが不得手で、でもそれは、その人のよさでもあります。だから本書が、お人好しさんたちがいい人のまま、断ることを豊かな生活の糧《かて》に変えていくための支えになれたらいいな、と思っています。

そしてさらに、お人好しさんたちが自分自身のことをもっと好きになって、大事にできたらいいな、とも思っています。

断れない人から、断れる人になるだけで、人生は大きく変わる、と私は思っております。なぜなら、「断る」という行為にはそれだけのパワーと優しさと、その人を守る強さがあるからです。

本書には、読者のみなさんにそれが伝わるよう、さまざまなシチュエーションや経験に基づいた「断る」について書いてきました。本書を通じて、どう思われたでしょうか。

読んでくださったみなさんの人生が、少しでも変わるようなきっかけになる内容になっていたら、これ以上嬉しいことはありません。

最後に、この本を読んでくださったみなさんにどうしてもお伝えしておきたい話があります。

それは、本書を読んで「よし、断るぞ！」と意気込んだのに、実際には使いこなすことができなくて、落ち込んでしまったとしたら……の話です。

実は本書は、断れないことに悩んでいる、一人の編集者さんの企画から始まりました。

そしてその編集者さんはこの本を編集しながら、何度もノウハウや断り言葉を読んでいたのに、実際に断らなきゃいけない場面で、それらをうまく活かせなかったのだそうです。

それが何だかすごく悲しくて、不甲斐ない気持ちになったのだと相談してくれました。もしかしたら、本書を読んでくださったみなさんの中にも、そうした壁にぶつかってしまう人がいらっしゃるかもしれません。

そのような状況になった場合は、以下の二つの考え方をされるといいと思います。

一つ目は、「やり方を知る」ということは、いつか使いこなすことができるようになるための土台なんだ、という考え方です。

どのようにするかを知らなかったら、いつか使えるようにもなりません。スタートラインにすら立っていないのと同じです。

でもあなたは今、本書を読むことで、どんな断り方をすればいいかを学びました。まだすぐには実行に移せないし、うまくできないかもしれませんが、知らなかった時よりも、ゴールには確実に近づいています。成長しているのです。

だから、あまり焦らないようにしてください。失敗してももう一度トライして、それを何度も繰り返すことが、成功への近道です。

二つ目は、感情は知識よりも早く反応するから、知っているだけでは即座に使いこなすことはできない、という考え方です。

たとえば、上司からの頼まれ事を「今日こそは断ろう」と心に決めていたとします。でも、前述したように、感情は知識よりも早く反応します。

いざその上司の目の前に立つと、「断るスキル」よりも、心や感情が先に反応してしまうのです。

そうすると、「上司はきっと、強気で言ってくるんだろうなぁ。そうしたら自分は断れないよなぁ」と、感じてブルってしまって、体のどこか（首や肩や背中や顔の筋肉など）が強張ってしまいます。

せっかく知って、使おうと思っていた断るスキルを発動させることもできなくなるでしょう。

だから、知っていても使えないのは、緊張のせいなんです。

そしてそれは、人間だから当然起こる、仕方のない現象なんです。

つまり、「断るスキル」を使うには、その筋肉の強張りに巻き込まれないようにすることが求められるのです。でもそのために、緊張しない自分を目指す必要はありません。緊張しても、緊張を自覚して、緩和させることができるようになればいいんです。

お人好しさんは緊張しがちですし、それをすぐに直すことはできません。個性の一つです。

だから、緊張したことを肯定的に受け入れるしかありません。でも、肯定的に受け入れれば、緊張を緩和させることができます。

じょうずに断るためには、繰り返しの練習が必要です。

海外の人に会った時、私たち日本人はどんなに英語を知らない人だったとしても、「Ｈｅｌｌｏ」だけならば、すんなりと言うことができます。

それは、さまざまなところで見聞きし、よく知っていて、Ｈｅｌｌｏという言葉をとっさに出せるだけの経験があるからです。それとまったく同じで、じょうずに断るにも、ちょっとした成功を積み重ねて、自然と口から出るくらいまで慣れることが大切なのです。

最初はツラい思いをするかもしれませんが、大丈夫です。
あなたには本書がついています。
だから思いっきり、たくさん、何度でもチャレンジして腕を磨いていきましょう!

二〇二五年一月

時田ひさ子

著者略歴

時田ひさ子（ときた・ひさこ）

HSS型HSP専門心理カウンセラー。合同会社HSP/HSS LABO代表。

早稲田大学文学部心理学専修卒業。生きづらさ研究歴は高校時代より35年。生きづらさを解消するヒントを得るために早稲田大学文学部心理学専修に進学。卒業、就職、結婚、出産、子育てを経て、思春期の子どもとの関係を改善するためにアドラー心理学、認知行動療法、フォーカシング、ヒプノセラピー、民間の手法まで多数の心を取り扱う方法を習得したものの、自身の生きづらさの完全解明にはつながらなかった。その後、ネット検索中に、自分が繊細で凹みやすいと同時に好奇心旺盛なHSS型HSPであることに気づき、生きづらさの理由がHSS型HSPの特性に由来するとわかる。これをきっかけに、HSS型HSP（かくれ繊細さん）専門心理カウンセラーを始める。

カウンセリングはのべ1万5000時間実施。講座受講生からのメール、LINEのやりとりは月100時間以上。臨床心理学を深めるため、現在大学院にて学んでいる。著書に『その生きづらさ、「かくれ繊細さん」かもしれません』（フォレスト出版）、『かくれ繊細さんの「やりたいこと」の見つけ方』（あさ出版）などがある。

つい他人を優先してしまう
お人好《ひとよ》しさんのためのじょうずな断り方

2025年2月12日　第1版第1刷発行

著者　時田ひさ子
発行者　永田貴之
発行所　株式会社PHP研究所
東京本部　〒135-8137 江東区豊洲5-6-52
ビジネス・教養出版部　☎03-3520-9619（編集）
普及部　☎03-3520-9630（販売）
京都本部　〒601-8411　京都市南区西九条北ノ内町11
PHP INTERFACE　https://www.php.co.jp/
ブックデザイン　上坊菜々子
組版　株式会社キャップス
イラスト　髙柳浩太郎
編集　薬師神ひろの（PHP研究所）
印刷所　株式会社精興社
製本所　東京美術紙工協業組合

ISBN978-4-569-85847-0